気持ちを表す和のことば辞典

西一夫 監修
坂本彩 絵

ナツメ社

もくじ

006 はじめに
008 この本の使い方
009 大和ことばとは

感情のことば

010 いい気分
012 好き
014 恋する
016 愛する
020 うれしい・喜ぶ
022 感動する
024 悲しい
026 寂しい
028 憂鬱
030 不愉快
032 焦る・苛立つ
034 怒る
036 恥ずかしい
038 つらい・苦しい
040 嫌い・憎い
042 悔しい
044 夢中になる
046 魅せられる
048 満足する
049 呆れる
050 驚く
052 落ち込む
054 絶望する
055 白ける・気まずい
056 飽きる
057 つまらない
058 諦める
060 心配・不安
062 怖い・恐れる
066 安心する
068 願う・望む
070 空しい
072 堪える
074 緊張する
076 恨む
077 嫉妬する
078 気持ち・心
079 愛情

様子・状態のことば

080 かわいい
082 美しい
088 良い
090 悪い
092 平気
094 勇ましい
096 威張る
098 得意げ
100 すごい・素晴らしい
104 明白
106 曖昧
108 難しい
109 易しい
110 幸運
111 不運
112 珍しい

性格・性質のことば

114 強い
116 弱い
118 謙虚・控えめ
119 親しみやすい
120 優しい
122 穏やか
126 賢い
128 いい加減
130 愚か
132 軽率
134 図々しい
136 短気
137 変わっている
138 さっぱりしている
140 冷たい
144 ひねくれる
145 怠ける
146 誠実
147 寛大
148 普通

行動・動作のことば

150 笑う
154 泣く
158 思う・考える
162 想像する
164 思い通り

166 うまくいく
168 困る
170 悩む
172 迷う
174 同情する
176 決める・覚悟する
178 覚える
180 忘れる
182 思い出す
184 話す
190 叫ぶ
194 戒める
195 責める
196 見下す・けなす
198 褒める

200 媚びる
202 元気づける
203 圧倒される
204 敬う
206 聞く
208 感謝する
209 謝る
210 慌てる
211 忙しい
212 落ち着かない
214 疲れる
216 逃れる・避ける
218 親しむ
220 見る
222 理解する

224 頑張る・努力する
226 怪しむ・疑う
228 頼る
230 評判になる
231 こだわる
232 逆らう・抗う
233 隠す
234 納得する
235 譲る
236 許す
238 大切にする

コラム

018　古語表現　恋愛のことば
086　古語表現　いろいろな「美しい」を表すことば
113　和のことばの細やかさ　―仮名文字から捉える―
149　和のことばと食　―和菓子から捉える―
192　和のことばの変化　―意味変化から捉える―
193　和のことばの美しさ　―毛筆の文字から捉える―
239　和のことばのちから　―ことばに託された意味から捉える―
240　古語表現　情景や季節を表すことば
246　現代語さくいん
252　古語さくいん
255　参考文献

〈 スタッフ 〉

デザイン　林 真（vond°）
校正　株式会社 夢の本棚社、株式会社みね工房
執筆協力　漆原 泉、兼子梨花、田口純子、達 弥生
編集協力　株式会社KANADEL
編集担当　梅津愛美（ナツメ出版企画株式会社）

はじめに

「和のことば」と言われて、どのようなことばを思い浮かべるでしょうか。日本語にはさまざまなことばがあります。小学校五年生の国語で「和語・漢語・外来語」について学ぶ機会があります。さらに中学校三年生でも「和語・漢語・外来語などの使い分けに注意」することが示されています。「和のことば」は「和語」に分類されることばです。ところが私たちが日常生活で「和のことば（和語）」を意識することはあまりありません。

たとえば、文部省唱歌「ふるさと（故郷）」（作詩・高野辰之）は、どこかで耳にしたり歌ったりしたことがあるでしょう。

うさぎおいし　かのやま　こぶなつりし　かのかわ
ゆめはいまも　めぐりて　わすれがたき　ふるさと

この歌詞は、和のことばにあふれています。「うさぎ」「やま」「こぶな」「かわ」等、その多くが「和のことば」なのです。「やま」を「サン」、「かわ」を「セン」と読んでは意味が通りません。「和のことば」とは、ことばそのものに意味があるのです。題名「ふるさと」も「コキョウ」と読めば漢語となります。ひとつひとつのことばには具体的な意味があります。先ほど小中学校の国語教科書で学ぶと述べましたが、中学校の学習で取り上げられる「和のことば（和語）」には、次のようなことばがあります。

あかり　あさ　あしあと　あるく　いどむ　うつくしい　うみ　おおきい

まだまだ沢山のことばが例示されています。どれも「和のことば」としての特性を持っています。それは先ほど示した「ことばひとつひとつに意味がある」ことなのです。つまり、日本語としての具体的なモノや状態を表現しているのです。

　このような「和のことば」は、自然を豊かに描写したり、心情を細やかに表現したりすることに大いに役立ちます。日本語には多くの「和のことば」が存在します。それを知り、使い分けることによって、私たちの生活は豊かで温かな雰囲気に包まれるのではないでしょうか。ときには喜怒哀楽を激しく表現する場合もあるでしょう。ひとつのモノでも季節や状態によって使う最適な「和のことば」があります。そうしたことばを手に入れることは、ネットでのコミュニケーションが多くなった現代こそ、私たちの日々の生活に潤いをもたらしてくれるのではないでしょうか。

　本書を通して手にした「和のことば」で会話や文章が彩られることによって、みなさんの日常生活が豊かで温かなものとなることを願っています。

西　一夫

この本の使い方

⊙この本で紹介する和のことばは、「感情のことば」「様子・状態のことば」「性格・性質のことば」「行動・動作のことば」の4つに分かれています。それぞれのカテゴリーで、気持ちを伴うさまざまなテーマに合わせた和のことばを紹介しています。

⊙1テーマで4〜7語の「和のことば（現代語）」と3〜4語の「和のことば（古語）」を紹介しています。現代語にはそれぞれに例文がついているので、微妙なニュアンスも理解できます。さらに主な古語の表現を知ることで、和のことばの表現の幅が広がります。

⊙コラムでは、さらにたくさんの古語表現や、さまざまな角度から考える和のことばの魅力や楽しみ方を知ることができます。

⊙さくいんは、五十音順で現代語と古語に分かれています。知りたいことばから探すときに役立ちます。

〈古語の表現〉テーマに合った古語の表現を紹介しています。

〈このページのテーマ〉

〈見出し語〉テーマに合った現代語の和のことばを紹介しています。

〈イラスト〉それぞれのテーマに合ったイラストで、想像力をかきたてます。

〈例文〉ことばの使い方を示しています。

〈意味〉ことばの意味を解説しています。

大和ことばとは

大和ことばは日本にもともとある固有のことばのことで、和語とも呼ばれます。

現在使われている日本語には、大きく分けて漢語、和語、外来語があります。

漢語　中国の漢字を本来の中国での読み方で読む（音読みする）もの

和語　漢字に日本での意味がわかる読み（訓読み）をつけたもの

外来語　西洋のことばをカタカナ読みするもの

※音読みをする熟語の中には、日本でことばを組み合わせて作られたものもあります。また、音読みと訓読みを組み合わせた熟語も、本書では和語に分類して紹介しています。

古くから使われてきた大和ことばですが、その特徴として挙げられるのは、日本人の私たちにとって、ことばの意味が理解しやすいこと。また、ことばの響きが柔らかく、美しいと感じるものが多いことです。

たとえば、「春雷（しゅんらい）」と聞くと何のことかわからないかもしれませんが、「はるかみなり」と読み直すとことばの意味がすぐにわかりますね。ことばの意味を聞かれたときに、無意識に訓読みで読み直すことも多いのではないでしょうか。

代表的な大和ことばの例を見てみると、どれも響きに柔らかさが感じられます。日常的に大和ことばを意識して使うことで、ことばづかいがぐっと上品な印象になるでしょう。

《代表的な大和ことばの例》

秋（あき）　朝（あさ）　雨（あめ）　海（うみ）

雲（くも）　心（こころ）　桜（さくら）

月（つき）　夏（なつ）　春（はる）　昼（ひる）

冬（ふゆ）　山（やま）　雪（ゆき）　夜（よる）

感情のことば

いい気分

いいきぶん

朗《ほが》らか

一点の曇りもなく空が晴れわたるように、心が晴れ晴れとして快活な様子。
＊彼は旅先で出会った人々とのエピソードを朗らかに話してくれた。

快《こころよ》い

心がはずむように、さわやかに感じられる。すがすがしいという意味。
＊人や車があまり動いていない、早朝の街の空気は凜として快い。

小《こ》気《き》味《み》好《よ》い

物事の行われ方が鮮やかで、見たり聞いたりしていて気持ちが良い。
＊職人の小気味好い手さばきで芸術的な和菓子が次々作られていく。

心《ここ》地《ち》好《よ》い

爽やかで気持ちが良い。気分が良い感じがして、快適で過ごしやすいこと。
＊キャンプで訪れた山は、空気が澄んでいてとても心地好かった。

晴《は》れ晴《ば》れする

気がかりなことがひとつもなく、心がすっきりと澄みわたったさま。

＊難解な仕事をやり終えた私は、晴れ晴れした気分で空を見上げた。

胸《むね》がすく

胸につかえていたものがすっとなくなって、気分が良く晴れやかになる。

＊目の前に広がる美しい景色を見たら胸のすく思いがした。

古語表現

❖ **快《こころよ》し**

気分が良い。楽しい。

❖ **楽《たの》し**

楽しい。

❖ **遊《ゆ》戯《げ》す**

楽しそうにする。

感情のことば

好き《すき》

痘痕《あばた》も靨《えくぼ》

好きな相手に対しては、欠点すら長所に見えてくることのたとえ。
＊周りは理解できないが、彼があの人にぞっこんなのは痘痕も靨だからさ。

蓼《たで》食《く》う虫《むし》も好《す》き好《ず》き

人の好みはさまざまであり、自分の価値観だけでは一概に判断できない。
＊あんなゲテモノが好きだなんて、蓼食う虫も好き好きとはこのことだね。

選《え》り好《ごの》み

他のものには目もくれようとせず、自分の好きなものだけを選ぶこと。
＊選り好みしないで、どんな人とでも付き合った方が自分のためだよ。

目《め》が無《な》い

他のものが目に入らなくなってしまうくらい大好きである。好き好むこと。
＊甘いものに目が無い彼は、友人が差し出した手土産に顔をほころばせた。

お眼《め》鏡《がね》にかなう

目上の人から目をかけられること。気に入られて、認めてもらえること。
＊方々探しても、両親のお眼鏡にかなう婚約者の候補は現れなかった。

好《す》き好《この》む

たくさんあるものの中から、一つをとりわけ好きになること。嗜好《しこう》。
＊子どもが好き好む料理ばかりを並べた食卓は、大人にとって物足りない。

嗜《たしな》む

常日頃から、何かを好んで親しむ。あることに対して、精を出して励む。
＊幼いころから日本舞踊を嗜む彼女の所作は、うっとりするほど美しい。

古語表現

❖ 好《この》まし
好き。好感が持てる。

❖ 愛《め》づ
心引かれる。好きになる。

❖ 思《おも》はし
気に入る。好ましい。

感情のことば

恋する

こいする

ときめく

恋愛感情によって、胸がドキドキして気分が高揚すること。

＊ときめくような素敵な出会いが、あなたにもきっと訪れるでしょう。

心《こころ》を寄《よ》せる

相手にもっと近づきたいと好意を抱く。思いを寄せ、恋愛感情を抱く。

＊彼は心を寄せる相手と、まともに目も合わせられない初心《うぶ》な性格だ。

見初《みそ》める

一目見て相手のことを好きになる。一目で好意を抱き、恋心が芽生える。

＊友人が主催するパーティーで見初めた女性が、今の僕の妻なんだ。

胸《むね》を焦《こ》がす

強く恋い慕い、思い煩う。あれこれと思いがつのって切なくなる。

＊まだ見ぬ恋に胸を焦がす彼女と出会ったのは、彼女が十五歳のときだ。

恋煩《こいわずら》い

恋するあまり、病にかかったように気分がふさいだり悩んだりするさま。

＊一途な彼だけに、思いつめて恋煩いになってしまわないか心配だ。

岡惚《おかぼ》れ

恋人でもない相手や他人の恋人に対して、傍から密かに好意を寄せること。

＊彼女が親友の彼に岡惚れしていることは、誰の目にも明らかだった。

徒情《あだなさ》け

一時の気まぐれな恋愛。そのとき限りの、かりそめの儚い恋心。

＊旅先での恋は、後腐れのない徒情けと思って割り切るしかない。

感情のことば

愛する

あいする

惚《ほ》れ込《こ》む

相手に深く好意を抱いて、すっかり惚れる。心を引かれ、夢中になる。

＊彼が君に弱音を吐くのは、君に心底惚れ込んで心を許しているからさ。

慈《いつく》しむ

弱い立場の者や目下の者を愛《いと》おしむ。愛情を注ぎ、かわいがって大事にする。

＊母からの便りは、離れて暮らす息子を慈しむ心で溢れていた。

愛《いと》おしむ

愛情をもって大事にする。かわいく思って、優しく接する。かわいがる。

＊校長先生は愛おしむような深い眼差しで、全校生徒に語り掛けた。

愛《め》でる

愛する、かわいがる。自然の美しさなどに感動して、心が引き付けられる。

＊四季折々に咲く花々を愛でることができる、回遊式の日本庭園。

慕《した》わしい

心が引かれて、好ましく思う。または、恋しいと懐かしく思うさま。

＊故郷に似た景色のこの場所に来ると、慕わしい母の姿を思い出す。

目《め》の中《なか》に入《い》れても痛《いた》くない

子や孫などを、盲目的にかわいがる気持ちや様子をたとえていう言葉。

＊父は待望の初孫を、目の中に入れても痛くないほど溺愛している。

捧《ささ》げる

自分のすべてをもって相手に尽くす。ある対象に愛情や真心を惜しみなく差し出すこと。

＊彼女は初めて参加して以来、ライブ活動に身を捧げている。

COLUMN

古語表現

恋愛のことば

❖ 恋《こ》ひ侘《わ》ぶ

恋に悩み苦しむ。

＊恋ひ侘びてうち寝《ぬ》る中に（恋に悩み疲れて眠ってしまった〈夢の〉中で）〈古今和歌集〉

❖ あはれを交《か》はす

愛し合う。

＊うちとけずあはれを交はし給ふ御仲なれば（人目を避けて愛し合う間柄なので）〈源氏物語〉

❖ 思《おも》ひ暮《く》らす

恋しく思いながら暮らす。

＊胸つぶれて思ひ暮らし給ふ（胸がつぶれるほど恋しく思いながら暮らしなさる）〈源氏物語〉

❖ 思《おも》ひ果《は》つ

最後まで愛し続ける。

＊え思ひ果つまじけれ（いつまでも愛し続けることはできそうもない）〈源氏物語〉

❖ 妻恋《つまご》ひ

妻が夫を恋い慕う。または夫が妻を恋い慕う。「夫《つま》恋《ご》ひ」とも書く。

＊妻恋ひに鹿鳴《か》かむ山そ（妻を恋い慕う鹿が鳴く山なのですよ）〈万葉集〉

❖ 片恋《かたこひ》

片思い。

＊旅に去《い》にし君しもつぎて夢《いめ》に見ゆ吾《あ》が片恋の繁ければかも（旅に出たあなたが次々に夢に出ます。私の片思いが激しいからでしょうか）〈万葉集〉

❖ 時《とき》めく

寵愛される。

＊すぐれて時めき給ふありけり（深く（帝の）ご寵愛を受けていらっしゃる方がいた）〈源氏物語〉

❖ 幸ひ人《さいはびと》

高貴な人から寵愛を受ける人。

＊祇園女御と聞こえし幸ひ人おはしける（祇園女御と申し上げたご寵愛を受ける女性がいらっしゃった）〈平家物語〉

❖ 諸恋《もろごひ》

両想い。相思相愛。

＊さすがなる御諸恋なり（そうはいってもやはり、相思相愛の恋である）〈源氏物語〉

❖ 秋風《あきかぜ》

秋と「飽き」をかけて、愛情が冷めることのたとえ。

＊頼めし暮れは秋風ぞ吹く（頼みとした夕暮れに（恋人が来ない＝飽きられて）ただ秋風が吹いている）〈新古今和歌集〉

感情のことば

うれしい・喜ぶ

うれしい・よろこぶ

浮《う》き立《た》つ

楽しかったりうれしかったりして、心が落ち着かず、そわそわするさま。

＊一家揃っての旅行を前に、心が浮き立つ子どもたちであった。

心《こころ》が弾《はず》む

喜びや期待で胸がふくらむ。楽しくて、心がウキウキ、ドキドキする様子。

＊日増しに春が近づき、街中を彩る満開の桜を想像すると心が弾む。

小《こ》躍《おど》り

うれしくて飛び跳ねること。いまにも躍り上がりそうなほどに喜ぶ様子。

＊日頃の成果が認められ、彼はうれしさのあまり小躍りした。

喜《よろこ》ばしい

とても良いことでうれしい気持ち。心が満足して、快く楽しいこと。

＊今日君と出会えたことは、僕の人生においてとても喜ばしいことだ。

喜《よろこ》びに堪《た》えない

感情を抑えることができないほどうれしいこと。喜びを抑えられない。

＊苦難を乗り越え、無事に卒業の日を迎えられたことは喜びに堪えない。

ぬか喜《よろこ》び

喜んだあとにアテがはずれてがっかりすること。一時的な喜び、早合点。

＊いい物件だったのに他の人に先に契約されてしまいぬか喜びに終わった。

舞《ま》い上《あ》がる

調子に乗っていい気になる。すっかり得意気になって、心がそわそわする。

＊憧れの人との食事に心が舞い上がり、ろくに味もわからなかった。

古語表現

❖うむがし

うれしい。喜ばしい。

❖うれしぶ

喜ぶ。うれしがる。

❖おむがし

うれしい。面白い。

感情のことば

感動する

かんどうする

心《こころ》を掴《つか》む

非常に好ましい印象をもってもらう。気に入られる、気持ちを惹きつける。

*ヒロインの演技は観客の心を掴むものだったので万雷《ばんらい》の拍手が巻き起こった。

沁《し》み入《い》る

心の奥深くまでにじみ込むこと。ものの奥底まで深く染み込むという意味。

*沁み入るような彼の歌声は、被災地の人々の心に明るい光を灯した。

身《み》に沁《し》みる

心の底から深く感じ入る。体中に染みわたるように、しみじみと感じる。

*過去の過ちには一言もふれずにいてくれる、周囲の優しさが身に沁みる。

胸《むね》が詰《つ》まる

感慨で胸がいっぱいになるさま。言葉が出ないほど感情が昂ぶる様子。

*勇気ある挑戦から無事に生還を果たした旧知との再会に、胸が詰まる思いがした。

胸《むね》に迫《せま》る

さまざまな感情が胸に広がっていっぱいになる。ぐっときて、胸が高鳴る。

*一致団結してゴールできたと思うと、万感胸に迫るものがある。

ぐっと来《く》る

見たものや聞いたことなどが胸に強く突き刺さり、感動がこみ上げる様子。

*過酷な環境を生き抜く野生動物の姿は、胸にぐっと来るものがあった。

胸《むね》が高鳴《たかな》る

希望や期待などで感情が高ぶること。気分が高揚して鼓動が激しくなる。
＊今回の発掘調査で大発見があるかもしれないという興奮に胸が高鳴る。

古語表現

❖感《かん》ず
感動して心が動く。

❖染《し》み着《つ》く
心にとまる。印象に残る。

❖横手《よこで》を打《う》つ
（感動して）思わず手を打つ。

感情のことば

悲しい

かなしい

胸《むね》が張《は》り裂《さ》ける

つらくて心が痛むことや、悩みや苦しみなどで胸がいっぱいになること。

＊突然突きつけられた恋人との別れに、胸が張り裂けるような苦痛を味わった。

胸《むね》が痛《いた》む

心配や悲しみ、あるいは寂しさなどによって、心に苦痛を感じること。

＊通学中の児童が巻き込まれた交通事故のニュースに胸が痛む。

しめやか

心が沈んで、なんとなく悲しげなさま。しんみりとして湿っぽい様子。

＊無言の帰国を果たした彼の葬儀が、しめやかに執り行われた。

うら悲《がな》しい

なんとなく心が痛む。もの悲しく、心が揺さぶられて涙が出そうな気持ち。

＊枯れ果てて色を失った晩秋の景色ほど、うら悲しいものはない。

切《せつ》ない

悲しさや寂しさで、やりきれない気持ち。為《な》すすべがない、やるせない思い。

＊嘆きながら孤独に耐えて眠る夜は、どれほど切ないことだろう。

嘆《なげ》かわしい

ひどく悲しくて、みじめに感じられる。諦めきれず、悔しく思う。

＊こんな前代未聞の不祥事が起こるとは嘆かわしいことだ。

古語表現

❖ 悲《かな》し

悲しい。切ない。

❖ 胸《むね》潰《つぶ》る

悲しくて胸が苦しくなる。

❖ 思《おも》ひ侘《わ》ぶ

悲しい思いをする。

感情のことば

寂しい

さびしい

寂《さび》れる

活気が失われ、ひっそりした様子。にぎわいが消えて、勢いがなくなる。
＊国道を抜けて山道をひた走り、たどりついたのは寂れた温泉街だった。

うら寂《さび》しい

なんとなく悲しい様子。心が冷えて侘しく感じる。心細く、むなしい。
＊彼の心のうら寂しい闇を感じたとき、彼の深い孤独を知った。

胸《むね》に穴《あな》があいたよう

あって当たり前のものや大切なものがなくなったときの、喪失感を表す。
＊愛猫を亡くしてからというもの、胸に穴があいたようになってしまった。

歯《は》の抜《ぬ》けたよう

本来はそこにあるはずのものが欠けてなくなり、寂しく感じられる様子。

＊参列者の人数が制限された今年の入学式は、歯の抜けたようだった。

火《ひ》が消《き》えたよう

活気がなくなって静かになるさま。にぎわいを失って寂しくなること。

＊かつて町のシンボルだった商店街は、火が消えたように廃れてしまった。

侘《わび》しい

ひどく寂しくて、心が慰められない。もの静かで心細い。嘆かわしい。

＊ひとりきりの侘しい夕食を食べながら、家族で囲んだ食卓を懐かしく思い返した。

寄《よ》る辺《べ》ない

身を寄せる場所がなく、頼りにできる人もいなくて、ひどく心細い様子。

＊寄る辺ない彼女は、自分の居場所と生きがいを求めて異国へ旅立った。

古語表現

❖ うら荒《さ》ぶ
寂しくて心がすさむ。

❖ 物寂《ものさび》し
なんとなく寂しい。

❖ 心凄《こころすご》し
とても寂しい。

感情のことば

憂鬱

ゆううつ

浮《う》かない

心が沈んで晴れ晴れしない様子。心配事などがありそうなさま。「浮かぬ」ともいう。

＊チームが初勝利に沸くなか、彼だけ浮かない顔をしていた。

鬱《ふさ》ぐ

気分が晴れず、何もする気が起こらない。心が閉ざされたようで憂鬱になる。

＊失恋に追い打ちをかけるような予期せぬ異動で気持ちが鬱ぐ。

湿《しめ》っぽい

気持ちが沈んで晴れ晴れしない。うっとうしく感じるじめじめした様子。陰気くさい。

＊友人と気分良く飲んでいたのに、隣の席で湿っぽい話を始めた。

滅《め》入《い》る

嫌なことなどがあって気持ちが沈み、ふさぎこむ。憂鬱で暗い気持ちになる。

＊どのチャンネルを回しても、凶悪事件のことばかりで気が滅入る。

怠《だる》い

病気や疲れがたまるなどで、体が重く感じる。動くのもおっくうな状態。しまりがない。

＊会議資料のコピーを頼むと、後輩は怠そうな態度で席を立った。

物《もの》憂《う》い

何となく心が晴れず、おっくうに感じる。憂鬱。「憂い」はつらくて苦しいこと。

＊その女は、物憂げに駅から出てくる人たちを眺めていた。

古語表現

❖ いぶせし

すっきりしない。

❖ 難《むつか》し

うっとうしい。

❖ 物《もの》憂《う》げ

何となく気が進まない様子。

感情のことば

不愉快

ふゆかい

唇《くちびる》を尖《とが》らす

意に沿わないことがあり、唇を前に突き出して不満そうにする顔つきを表す。

＊大事な約束を忘れていた私のことを、彼女は唇を尖らせてにらんだ。

渋《しぶ》い

不機嫌そうな、不満そうな様子。渋柿を食べたときのような苦々しい表情。

＊社内の実情を知らない新人の部下からの具申《ぐしん》に部長は渋い顔をした。

顔《かお》を顰《しか》める

嫌な気持ちや不快な感覚などから、眉間にしわを寄せて表情をゆがめること。

＊真夜中に現れた突然の訪問者に、彼は顔を顰めた。

くさくさ

うまくいかないことがあったり、不快なことがあったりして、心が晴れない様子。

＊失敗続きの男は、気分がくさくさして道端の石を思いっきり蹴飛ばした。

眉《まゆ》を顰《ひそ》める

不安や不快感などから眉根を寄せて顔を顰《しか》めること。

＊周囲を顧みない彼の無鉄砲すぎる行為に、友人たちは眉を顰めた。

苦虫《にがむし》を潰《つぶ》す

食べたら苦そうな虫を噛んでしまったような、ひどく不愉快そうな顔つき。

＊後輩に論破された彼は一言も言い返せず、苦虫を潰したような顔をした。

含《ふく》むところがある

心の中に不満や恨みなどの気持ちがあるような顔つき、あるいは物言い。

＊政治家と官僚のやりとりは、何か含むところがあるように感じられた。

古語表現

❖うたてあり

不快に思う。嫌だ。

❖心憂《こころう》し

不愉快だ。嘆かわしい。

❖苦々《にがにが》し

非常に不愉快で、嫌だ。

感情のことば

焦る・苛立つ

あせる・いらだつ

足掻《あが》く

苦しい現状からなんとか抜け出そうと、もがき、努力する。じたばたする。

＊どう足掻いても、彼の負けは明白だった。

心急《こころせ》く

早くしなければと気持ちが焦る。いらいらして、じっとしていられない。

＊父が倒れたと聞き、心急くあまり入院先も聞かず飛び出した。

焦《じ》れる

物事が思いどおりに進まず、気持ちが急いて落ち着かない。いらいらする。

＊長く待たされても、みんな焦れることなく一列に並んでいる。

焦《じ》れったい

思うようにならなくて、いらいらする。おもに自分ではどうしようもない状況に使う。

＊ただここで、じっと待っているのが焦れったくなってきた。

歯《は》痒《がゆ》い

思いどおりにならない、進まないことにいらだつ。他の人の様子に対して多く使われる。

＊才能がある彼が評価されないのは、見ていて歯痒い。

やきもきする

心配で、あれこれと考えてしまい落ち着かない様子。気をもみ、いらいらすること。

＊彼女からのプロポーズの返事をやきもきしながら待っている。

もどかしい

思うように進まず、気持ちが落ち着かない。時間がかかりいらいらするときに多く使う。

＊急いでいるときは、信号を待つ時間ももどかしく思える。

古語表現

❖苛《いら》つ
焦る。苛立つ。

❖逸《はや》る
焦る。気が急く。

❖いり揉《も》む
気を揉む。

感情のことば

怒る

おこる

憤《いきどお》る

怒りが体の内側からわき上がってくるように、ひどく腹を立てること。

＊政治の不正に憤る市民によって、大規模な抗議デモが行われた。

熱《いき》り立《た》つ

頭から湯気が立ちのぼりそうなほどの激しい怒り。感情がひどく高ぶる様子。

＊明らかに誤審と思える審判の判定に、熱り立った観衆は声を荒らげた。

色《いろ》を作《な》す

顔色を変えて怒ること。激しい怒りや憤りに、興奮して顔が紅潮するさま。

＊自分のことしか考えていない相手の言い分に、色を作して異を唱えた。

鶏冠《とさか》にくる

怒りで頭に血がのぼり、ニワトリの鶏冠のように赤くなることのたとえ。

＊あの人の言い方は、いつだってこちらを見下しているようで鶏冠にくる。

腹《はら》に据《す》えかねる

不満を心の中におさめておくことができない状態。怒りを我慢できない。

＊上司のことを上司とも思わないあの言動は、どうにも腹に据えかねる。

膨《ふく》れる

ぷうっと頬を膨らませて、機嫌の悪い顔つきになること。むくれる。

＊待ち合わせに数分遅れただけで、そんなに膨れることはないだろう。

目《め》くじらを立《た》てる

取るに足らないささいな出来事に対して、むきになって咎めること。

＊社長は何かと目くじらを立てる人だから、気をつけたほうがいいよ。

古語表現

❖ 息《いき》巻《ま》く
怒りで息が荒くなる。

❖ 憤《いきどほ》る
激しく怒る。憤慨する。

❖ 熱《ほとほ》る
怒る。かっとなる。

感情のことば

恥ずかしい

はずかしい

赤《あか》恥《はじ》をかく

人前で受ける不名誉な恥。ひどい恥で面目を失うこと。「恥」を強めた言葉で「赤っ恥《ぱじ》」ともいう。

＊同僚の甘言に乗せられて告白していたら、赤恥をかくところだった。

顔《かお》から火《ひ》が出《で》る

あまりの恥ずかしさで顔が真っ赤になる。顔が燃えたようにひどく赤面する様子。

＊友人たちの前でつい「ママ」と呼んでしまい、顔から火が出る思いだった。

面《おも》映《は》ゆい

褒められたりして顔を合わせるのが照れくさい様子。「映ゆい」はまぶしく感じること。

＊全校生徒の前で、校長から俳句の入選を称えられ、なんだか面映ゆい。

決《き》まりが悪《わる》い

周囲に対して面目が立たず、恥ずかしく感じる。体裁が悪い。「きまり悪い」ともいう。

＊子どもをあやす姿を部下に見られて、決まりが悪かった。

立《た》つ瀬《せ》がない

世間に対して面目を失うこと。立場がなくなる。「立つ瀬」は人前での自分の立場のこと。

＊あれもこれも嘘だったとわかり、彼女をかばった私の立つ瀬がない。

はにかむ

うつむくなど、恥ずかしそうな態度をとったり、表情をしたりすること。恥ずかしがる。

＊受賞者の名前が呼ばれると、彼女ははにかんだ笑顔で立ち上がった。

こそばゆい

過大評価されるなどして照れくさい様子。むずむずして落ち着かない。くすぐったい。

＊デザイナーの友人にセンスが良いと褒められて、こそばゆくなる。

古語表現

❖ 面《おも》映《はゆ》し

照れくさい。

❖ 面《おも》無《な》し

合わせる顔がない。

❖ 恥《は》づかし

決まりが悪い。

感情のことば

つらい・苦しい

つらい・くるしい

遣《や》る瀬《せ》無《な》い

どうすることもできず、切なくて悲しい。心を晴らすすべが見つからない。

＊人生で初めての恋であり、遣る瀬無い思いをもてあますしかなかった。

針《はり》の筵《むしろ》

針が突き刺さるような、いたたまれない場所や環境にさらされること。

＊記者たちの辛辣な質問が飛び交う殺気立った会見場は、まるで針の筵だ。

遣《や》り切《き》れない

困難や障害などがあってがまんできないこと。どうしようもない気持ち。

＊彼女が苦しんでいるのに、何にもしてあげられないなんて遣り切れない。

痛《いた》い目《め》を見《み》る

肉体的、精神的に大きなダメージを受けるようなひどい経験をする。

＊そんなに無謀なやり方を続けていると、いつか絶対に痛い目を見るよ。

胸《むね》が塞《ふさ》がる

心配事や悩み事などで胸がいっぱいになる。胸が詰まるように感じること。

＊被災地の悲惨な状況がテレビで映し出されるたびに胸が塞がる。

悶《もだ》える

苦痛や怒りのあまり身をよじる。胸をかきむしるほどもがき悩む。

＊あと一歩のところで勝機を逃した選手たちは、身悶えて悔しがった。

憂《う》き目《め》に遭《あ》う

物事がうまくいかず、悲しい思いをすること。苦痛を感じるような体験。

＊勤めていた会社が倒産し、定年を目前に職を失うという憂き目に遭う。

古語表現

❖憂《う》し
つらい。苦しい。

❖辛《から》し
つらい。苦しい。

❖胸《むね》痛《いた》し
（胸が痛むほど）つらい。

感情のことば

嫌い・憎い

きらい・にくい

いけ好《す》かない

その人の性質などが好きになれない。気にくわない。「いけ」はあとに付く語の意味を強める接頭語。
＊あのいけ好かない営業マンが担当かと思うとうんざりする。

厭《いと》わしい

気が乗らず、煩わしく思うこと。避けたいと感じるほど嫌である。不愉快だ。
＊誰にでもいい顔をしてしまう自分が厭わしく思えてきた。

毛《け》嫌《ぎら》い

理由もなく強く嫌がること。感情的に嫌う。鳥獣が毛並みで好き嫌いをすることからきている。
＊その男は親戚の子どもたちを毛嫌いして、ろくに目も合わさない。

鼻《はな》持《も》ちならない

その人のすることなすことが嫌らしく、不愉快である。嫌みな言動に耐えられない様子。

＊あの医者はキザで自信家の鼻持ちならないやつだが、手術の腕は確かだ。

目《め》ざわり

視界に入ると不快に感じること。邪魔に見える。また、不愉快に感じるものや様子。

＊行く先々に現れる記者が目ざわりで、撮影が済むと早々に帰宅した。

小《こ》憎《にく》らしい

なまいきで、妙にしゃくにさわる感じである。何とも憎らしく、しゃくだ。

＊お見合いの敗因を冷静に分析する妹が小憎らしくなった。

煙《けむ》たがる

相手の言動が気づまりで、避けたい気持ちを顔や態度に表すこと。近づきがたいと感じる。

＊管理官は、捜査員たちに煙たがられても気にせず現場に同行した。

古語表現

❖ 疎《うと》む

嫌だと感じる。避ける。

❖ 厭《いと》ふ

嫌がる。嫌う。

❖ 嫌《きら》ふ

嫌がり、遠ざける。

感情のことば

悔しい

くやしい

後《うし》ろ髪《がみ》を引《ひ》かれる

未練が残っていて思い切ることができない様子。先に進むことができないでいること。

＊頂上到達を前に天気が急変し、後ろ髪を引かれる思いで下山した。

唇《くちびる》を噛《か》む

残念さや腹立たしさを、唇を噛むことでこらえる様子。悔しがるさまを表す。

＊彼と腕を組んで歩く姿に、友人の裏切りを確信して唇を噛んだ。

心《こころ》残《のこ》り

心配や未練などの思いがいつまでも残り、心が晴れないことやその様子。思い切れないこと。

＊幼いころの心残りを晴らすため、男は二十年ぶりに故郷の土を踏んだ。

歯《は》軋《ぎし》りする

歯と歯を強くすり合わせてキリキリ音を立て、悔しさや怒りを表すさま。悔しがること。

＊証拠が見つからず、刑事たちは歯軋りする思いで容疑者を釈放した。

いかんせん

良い方法や手段がなく、どうしようもないこと。残念ながら。否定的な意味の語を伴って使う。

＊助太刀したいが、いかんせん、私の力では太刀打ちできない。

口《くち》惜《お》しい

思うようにいかず、失望したり悔しく思ったりすること。残念だ。「悔しい」の古い言い方。

＊あの一手が打てていたら勝敗が変わったと思うと、口惜しい。

涙《なみだ》を飲《の》む

泣きたいくらいの無念さを我慢すること。悔しい気持ちをぐっとこらえる様子を表す。

＊ゴールを目の前にして足の痙攣が起こり、涙を飲んで棄権した。

古語表現

❖口《くち》惜《を》し
残念だ。悔しい。

❖悔《くや》し
後悔する。残念だ。

❖念《ねん》無《な》し
残念だ。悔しい。

感情のことば

夢中になる

むちゅうになる

現《うつつ》を抜《ぬ》かす

物事や人などに心を持って行かれ、他のことに身が入らずそれだけに夢中になること。

＊推しのアイドルに現を抜かしている間に、成績がガタ落ちしてしまった。

明《あ》け暮《く》れる

ある物事や人に対して、日が明けても暮れても、終始没頭すること。熱中する。

＊私はやりたいことの資金づくりのためアルバイトに明け暮れた。

虜《とりこ》になる

ある対象に心を奪われて熱中し、憑りつかれたようになるさま。「虜」は捕虜を意味する言葉。

＊イタリアの虜になった私は、それ以来毎年のように訪問している。

熱《ねつ》に浮《う》かされる

周囲や前後がわからなくなるほど、ひとつのことに熱中する様子。冷静さがない状態。

＊晩年の先生は熱に浮かされたように、研究に没頭されていた。

首《くび》っ丈《たけ》

物事のほか、特定の異性などに夢中になり、その想いにとらわれるさま。惚れ込む。

＊先輩に首っ丈の後輩は、抑えきれない気持ちを打ち明けた。

病《や》みつきになる

趣味や食べ物、勝負事などにハマってやめられなくなること。

＊昨日買ったお菓子がいたく気に入り、何個も買うほど病みつきになってしまった。

のぼせる

物事などに心が占領され理性を失い、正気ではない様子。夢中になりぼんやりしたさま。

＊友人が、美形の彼にのぼせる気持ちもわからなくもない。

古語表現

❖ 溺《おぼ》る

心を奪われ、夢中になる。

❖ 是非《ぜひ》も知《し》らず

夢中になる。

❖ 逸《はや》る

心が奪われる。

感情のことば

魅せられる

みせられる

目《め》がくらむ

心を奪われてしまい、正常に判断ができなくなる。めまいがするという意味もある。

＊もうけ話に目がくらみ、罪を犯す人が急増している。

痺《しび》れる

強い刺激を受けて、感情が高ぶりうっとりする。思考力が麻痺する。

＊力強く魅力的なパフォーマンスに、だれもが痺れるだろう。

蕩《とろ》ける

心がゆるみ、しまりがなくなる。心が引き寄せられて判断する力を失う。

＊蕩けるような笑顔で彼女が見るので、恥ずかしくなった。

骨《ほね》抜《ぬ》きにされる

貫き通す気持ち、強い心を奪われてしまう。大事なところを取り除かれてしまう。

＊子犬のかわいらしい仕草に、父はすっかり骨抜きにされてしまった。

酔《よ》いしれる

魅力的な物事に夢中になり、うっとりする。「しれる」は、正気を失ってぼうっとすること。

＊大接戦を制してつかんだ勝利に、チームの面々はしばしば酔いしれた。

見《み》惚《ほ》れる

見て心を奪われ、うっとりする。じっと見つめて惚れ惚れとする。

＊満開の桜と、風に舞う花びらに見惚れ、時間を忘れてその場に立ち尽くしてしまった。

古語表現

❖ 惚《ほ》け惚《ほ》けし

心を奪われてぼんやりする。

❖ 憧《あくが》る

心が引かれる。魅せられる。

❖ 蕩《とろ》めく

うっとりする。夢心地になる。

感情のことば

満足する

まんぞくする

心行《こころゆ》く

心がほどけて、これ以上ないほど満たされた気分になる。気が晴れる。

＊久しぶりにゆっくりと過ごす休暇を、家族とともに心行くまで満喫した。

甘《あま》んずる

その状況をありのまま受け入れる。または、それで十分だと思うようにすること。

＊現状に甘んずることなく、これからも精進しようと心に誓った。

満《み》ち足《た》りる

自分の気持ちが納得する形になり、不安や不満がなくなること。満足する。

＊これまでの忙しい生活とは一変し、理想のパートナーと満ち足りた結婚生活を送っている。

納《おさ》まり返《かえ》る

場所、地位や境遇などに落ち着き、すっかり満足すること。

＊彼は、いつまでも部長というポストに納まり返るような人ではない。

古語表現

❖ 飽《あ》き足《だ》る
十分に満足する。

❖ 甘《あま》んず
満足し、受け入れる。

❖ 心行《こころゆ》く
満たされる。満足する。

感情のことば

呆れる

あきれる

呆気《あっけ》にとられる

予想もしなかったことに遭遇し、驚いて状況がよく飲み込めないさま。驚きでぼんやりする。

＊師匠のあまりの早わざに、私は隙を突かれ、呆気にとられた。

開《あ》いた口《くち》がふさがらない

相手の行為や言動に対し、驚いたり呆れたりしてぽかんとする様子。

＊あの人の傍若無人な振る舞いには、開いた口がふさがらない。

言葉《ことば》を失《うしな》う

驚いたり呆れるなどして、絶句すること。あまりの出来事に口がきけなくなるほど驚く様子。

＊弟のあまりに幼稚な言い訳に、家族は言葉を失ってしまった。

呆《あき》れかえる

自分の想像もつかないようなことに、とても驚いて言葉もなく放心してしまう様子。

＊彼女のあまりに傲慢な態度に、周囲はただ呆れかえるばかりだ。

古語表現

❖ 呆《あき》る

驚き、呆然とする。

❖ あさまし

思いがけないことに驚く。

❖ 目覚《めざ》まし

呆れるほどひどい。

感情のことば

驚く

おどろく

泡《あわ》を食《く》う

ひどく驚いて、慌てるさま。狼狽える。人を驚かせることは「泡を吹かす」という。

＊急に大きく家が揺れ出したので、泡を食って外に飛び出した。

息《いき》を呑《の》む

びっくりして、思わず息を止める。はっとし、とっさに言葉が出てこなくなる。

＊山頂から見る日の出の素晴らしさに、息を呑んだ。

腰《こし》を抜《ぬ》かす

ひどくびっくりして、立ち上がることができなくなる。驚いて、足腰に力が入らなくなる。

＊歩いていたら、突然大きな犬に吠えられて腰を抜かした。

舌《した》を巻《ま》く

あまりにも優れた物事に、言葉も出ないくらいに驚く。驚いて、すっかり感心する。

＊彼と話してみて、小学生とは思えない知識の豊富さに舌を巻いた。

魂《たま》消《げ》る

ひどく驚く。「たまきえる」から読みが変化。「押っ魂消る」という言い方もある。

＊ドカンという大きな音に魂消て、階段を踏み外しそうになった。

目《め》を丸《まる》くする

目を大きく見開いて、驚いている様子。びっくりして目を見張ること。

＊次々と繰り広げられる鮮やかなマジックに、みんな目を丸くしている。

寝《ね》耳《みみ》に水《みず》

思いもかけない突然の出来事に驚くこと。「寝耳に水の入るごとし」の略。

＊あの二人が結婚したなんて、寝耳に水でなんのお祝いも用意していない。

古語表現

❖ 魂《たま》消《ぎ》る

気を失うほど驚く。

❖ 肝《きも》潰《つぶ》る

ひどくびっくりする。

❖ 驚《おどろ》く

突然のことに驚く。

感情のことば

落ち込む

おちこむ

青菜《あおな》に塩《しお》

元気をなくし、しょんぼりしている様子のたとえ。青菜に塩をふりかけると、しおれることから。

＊父に厳しく注意され、青菜に塩で自分の部屋に戻っていった。

打《う》ちひしがれる

精神的にショックを受けて、元気や、やる気をすっかり失う。「ひしぐ」は押し潰すこと。

＊検査の結果、完治できない病気とわかり、打ちひしがれている。

項垂《うなだ》れる

がっかりしてうつむく。気持ちが落ち込んで、うなじを垂れる。

＊慎重に進めてきた実験があっけなく失敗に終わり、みんな項垂れるしかなかった。

挫《くじ》ける

気持ちや勢いが弱まる。意気込みが衰え、途中でやる気がなくなる。

＊たかが一回失敗したくらいで、挫けるような人ではない。

肩《かた》を窄《すぼ》める

周囲に引け目を感じるなどして、肩を縮こめ、しょんぼりする様子。

＊練習に打ち込んだのにまた負けてしまったと、肩を窄めてため息をついた。

しょげる

失敗したり、期待が外れたりして、気持ちが沈み、元気を失う。しょんぼりする。

＊応援しているチームが負けてしまい、みんなしょげた様子だ。

力《ちから》を落《お》とす

気力、元気を失う。期待が外れ、望みを失って、がっかりする。

＊仲のよかった奥様を亡くし、ご主人はすっかり力を落としてしまった。

古語表現

❖倦《うん》ず

しょんぼりする。

❖侘《わ》ぶ

悲観する。気落ちする。

❖思《おも》ひ屈《くっ》す

悲観的になる。落ち込む。

感情のことば

絶望する

ぜつぼうする

抜《ぬ》け殻《がら》のようになる

希望を失ったり、ショックを受けたりして、生気の抜けた状態になること。

＊彼女は失恋して抜け殻のようになり、部屋に閉じこもっている。

生《い》ける屍《しかばね》

絶望的な出来事により、体は生きていても、精神的には死人のようになった状態。

＊度重なる不幸によって、彼は生ける屍となってしまった。

お先《さき》真《ま》っ暗《くら》

この先の見通しが立たず、未来に希望が持てそうにないと思うこと。将来が絶望的なこと。

＊息子の進学は、このままの成績が続けばお先真っ暗だ。

目《め》の前《まえ》が暗《くら》くなる

落胆したり、希望が絶たれるなどしたときの様子。先が見通せなくなり不安になること。

＊私は精密検査の結果を見て、急に目の前が暗くなった。

魂《たましい》が抜《ぬ》ける

何らかの理由で気力ややる気が失われ、生気のないぼんやりとした様子になること。

＊愛犬を亡くして以来、魂が抜けたようになってしまった。

古語表現

❖思《おも》ひ萎《しな》ゆ

心が萎《しお》れ元気がなくなる。

❖掻《か》き暗《くら》す

暗い気持ちになる。

❖魂《たま》離《さか》る

魂が抜けたようになる。

感情のことば

白ける・気まずい

しらける・きまずい

居《い》た堪《たま》れない

恥ずかしい、情けない、見ていられなくなるなどして、その場から離れたくなるような心境。

＊それまでの出来事を初めて聞き、私は居た堪れなくなった。

艶《つや》消《け》し

話の面白みをなくす、興ざめするような言動や様子のこと。

＊宴席が盛り上がっていたタイミングで艶消しなことを言った自分を反省した。

鼻《はな》白《じろ》む

場の空気や相手の勢いに押され、一瞬怯む様子。それまでの気持ちが一気に冷めること。

＊期待していた友人にきっぱりと断られ、私は鼻白んだ。

ばつが悪《わる》い

場の空気を悪くしたり、周囲に批判的に見られたりして居づらくなること。格好悪く、気まずい様子。

＊相手の名前を間違っていたことを知り、ばつが悪い。

古語表現

❖事《こと》醒《さ》む
興醒めする。白ける。

❖白《しら》白《じら》し
興醒めだ。面白くない。

❖事《こと》苦《にが》し
気まずい。面白くない。

感情のことば

飽きる

あきる

倦《う》む

面白味がなくなり、嫌になること。飽き飽きして、疲れてくる様子。

＊この作業を、倦むことなくやり続けるのは大変なことだ。

鼻《はな》につく

物事や人の態度について気に入らないことが度重なるなどして、飽きて嫌になること。

＊いつからか彼女の愛想笑いが、鼻につくようになった。

げんなりする

物事や行動などが過剰に続くなどして、やる気や気力が失われる様子。

＊基礎体力をつけるためとはいえ、毎日ランニングばかりではげんなりしてしまうよ。

うんざりする

物事や行動などが繰り返されるなど、つくづく嫌になる、勘弁してほしいと思うこと。

＊つまらない演説を一時間も聞かされ、うんざりした。

古語表現

❖飽《あ》く
飽きる。飽き飽きする。

❖倦《うん》ず
飽きる。うんざりする。

❖心《こころ》の秋《あき》
（秋に飽きをかけて）飽きる。

感情のことば

つまらない

つまらない

砂《すな》を噛《か》むよう

味わい深くもなく、面白味もないこと。風情のない様子。味気ない。

＊上司から過去の書類の整理を命じられ、砂を噛むような思いで黙々と作業した。

取《と》るに足《た》らない

ことさら取り上げる価値もない、些末なこととして気にもとめないこと。

＊あの事件の複雑さに比べたら、今回の事件など取るに足らない。

馬《ば》鹿《か》馬《ば》鹿《か》しい

とてもくだらないこと。問題として取り上げたり、見たり聞いたりする価値がない様子。

＊人の評価に振り回されることは、愚かで馬鹿馬鹿しいことだ。

ぱっとしない

事柄や物、見た目、心境などに関して、冴えない様子。つまらなく凡庸なこと。

＊友人の勧めで期待して入った店は、思ったよりぱっとしなかった。

古語表現

❖ あいなし

つまらない。面白くない。

❖ 由《よし》無《な》し

取るに足らない。

❖ 文《あや》無《な》し

つまらない。意味がない。

感情のことば

諦める

あきらめる

匙《さじ》を投《な》げる

これ以上の手立てや見込みがなく、物事から手を引くこと。医師が治療を断念する。

＊志半ばで匙を投げてしまったことが、今になっても悔やまれる。

泣《な》き寝《ね》入《い》り

不満を感じながらも、自身の力不足により抗《あらが》えずに諦めてしまうこと。

＊車で当て逃げされ、泣き寝入りするしかないのかと落胆した。

投《な》げ出《だ》す

物事の途中でやる気を失くし、やめてしまうこと。最後までやり遂げず放棄するさま。

＊課題の文章があまりにも難しいので、投げ出してしまった。

見《み》切《き》りをつける

これ以上の努力をしても、良い結果は得られないと判断する。諦めてその道を捨てること。

＊自分には絵画の才能がないと見切りをつけ、画家の道は諦めた。

手《て》の施《ほどこ》しようがない

病気やケガの治る見込みがない。悪い事態に対して打開策がないさま。

＊彼の病状は、残念ながら、手の施しようがないものだった。

手《て》も足《あし》も出《で》ない

何かの方法で対抗したり、策を講じたりすることがまったくできない状態。歯が立たない様子。

＊昨年の優勝チームと競おうにも今の実力では、手も足も出ない。

放《ほう》り出《だ》す

物事を途中でやめてしまうこと。また、諦めて最初から手をつけずに放置するさま。

＊追い詰められた彼女は、何もかも放り出して家出してしまった。

古語表現

❖思《おも》ひ絶《た》ゆ
きっぱりと諦める。

❖思《おも》ひ閉《と》ぢむ
断念する。

❖思《おも》ひ離《はな》る
断念する。諦める。

感情のことば

心配・不安

しんぱい・ふあん

危《あや》ぶむ

事の成り行きが不確かで、うまくいかないのではないかと不安に思う。危ないと心配する。

＊社長は合併に乗り気だが、乗っ取りではないかと危ぶまれている。

案《あん》ずる

他人の安否や事の成り行きを気にして心配する。あれこれと気遣う。「案じる」ともいう。

＊長い手紙から、娘の将来を案ずる気持ちが伝わってきた。

覚束《おぼつか》ない

あやふやでつかみどころのない様子に不安を覚える。頼りなく、うまくいきそうにない。

＊実戦経験が乏しい彼に試合の流れを作る先鋒を任せるのは覚束ない。

心許《こころもと》ない

よりどころがなく、不安で心が落ち着かない。何とも頼りなくて安心できない。

＊研修医の彼では心許ないが、急を要するため指示を仰いだ。

空《そら》恐《おそ》ろしい

理由もなく不安を感じる。何となく恐ろしい。「空」は捉えどころがないことを表す接頭語。

＊ＡＩの急速な普及に、人間の社会がどうなっていくか空恐ろしくなる。

胸《むな》騒《さわ》ぎ

悪い予感などがして気持ちが落ち着かないこと。不安や心配事で胸がドキドキする様子。

＊めったにかかってこない固定電話が鳴り、妙な胸騒ぎがした。

虫《むし》が知《し》らせる

災害など良くない出来事が起きそうなことを予感する。「虫の知らせ」ともいう。

＊虫が知らせたのか、祖母に連絡すると詐欺電話を受けた直後だった。

古語表現

❖危《あや》ぶむ
心配する。不安に思う。

❖案《あん》ず
心配する。気遣う。

❖心許《こころもと》無《な》し
気がかりだ。不安になる。

感情のことば

怖い・恐れる

こわい・おそれる〈1〉

怖《おじ》気《け》づく

何かを行おうとして、恐怖心がわいてくる。急に怖くなって、尻込みする。怯《ひる》む。

＊勝負を挑んできながら来ないとは、どうやら怖気づいたようだな。

肝《きも》を冷《ひ》やす

危険な目に遭いそうになり、ひやりとする。恐怖を感じてぞっとする。「肝」は心や精神のこと。

＊幼児が親から離れてよたよたと階段に近づくのを見て、肝を冷やした。

恐《おそ》れをなす

身の危険を感じるなどして怖がる。あまりのすごさに尻込みすることをいう。

＊大きな番犬が吠えると、泥棒たちは恐れをなして逃げ出した。

竦《すく》み上《あ》がる

不安や恐怖のあまり、体がこわばってまったく動けなくなる。恐ろしさで体が縮み上がる。

＊鬼気迫る表情で見下ろす武将に、百姓らは竦み上がった。

背筋《せすじ》が寒《さむ》くなる

強い恐怖などで背筋に冷気を感じ、ぞっとする。より恐怖を強めた表現に「背筋が凍る」がある。

＊あの村で起こった凄惨な出来事を思い出すと背筋が寒くなる。

身《み》の毛《け》がよだつ

あまりの恐ろしさにぞっとして、体の毛が逆立つ。「身の毛も弥立《よだ》つ」「身の毛立つ」ともいう。

＊現場に駆けつけた刑事は、身の毛がよだつ凄惨な光景に唖然とした。

血《ち》も凍《こお》る

恐ろしさのあまり、体中の血が凍ったかのように冷たくなる。ぞっとする。

＊真っ暗な教室に入ると、血も凍るような低い笑い声が響きわたった。

古語表現

❖ 恐《おそ》ろし
怖い。危険な感じがする。

❖ 臆《おく》す
怖気づく。恐れる。

❖ 怯《おび》ゆ
怖がる。恐ろしがる。

感情のことば

怖い・恐れる

こわい・おそれる〈2〉

物《もの》怖《お》じ

何かをするときなど、物事をひどく恐れて、びくびくする様子。怖さや不安で尻込みすること。

＊初めて会う人にも物怖じせず話しかけている彼女がまぶしく見えた。

戦慄《わなな》く

恐怖や緊張、怒りなどにより、手足や体がぶるぶると小刻みに震える。震えおののく。

＊目の前のナイフに戦慄きながら、言われるがままにレジを開けた。

臆《おく》する

勢いや雰囲気に圧倒されるなどして気後れする。心がひるんで、おどおどする。

＊離婚を発表した彼女は、大勢の取材陣に臆することなく、笑顔で対応した。

血《ち》の気《け》が引《ひ》く

恐怖や驚きで、顔色など皮膚の色が青白くなる。顔が青ざめる。「血の気が失せる」ともいう。

＊娘の帰りが遅いと心配していると、警察から電話が来て血の気が引いた。

たじろぐ

相手の勢いに押されて、何もできずに動けなくなる。圧倒されて怯むこと。

＊レースの終盤、急な斜面が目の前に現れてたじろぐも、頂上を目指して登り始めた。

古語表現

❖ 気疎《けうと》し
気味が悪い。人けがない。

❖ 物恐《ものおそ》ろし
なんとなく恐ろしい。

❖ 悍《おぞ》し
恐ろしい。怖い。

感情のことば

安心する

あんしんする

平《たい》らか

心が安定して穏やかな様子。満足して心安らかなこと。「平ら」は、でこぼこがなく平坦なこと。

＊この海を見ていると、病の不安から解放され、心が平らかになる。

大船《おおぶね》に乗《の》る

転覆の心配がない大船に乗ったように、相手を信頼して任せられる。危険がなくなり安心できる。

＊英語には自信があるので、大船に乗ったつもりでいてください。

枕《まくら》を高《たか》くする

不安などを感じることなく、安心して寝る。心配事がなくなって、すっかり安心する。

＊何とか今月のノルマをクリアしたので、今日は枕を高くして寝られる。

肩《かた》の荷《に》が下《お》りる

責任や義務などから解放されてほっとする。心配事がなくなって、気持ちが楽になる。

＊「内定がとれた！」と、娘のはしゃいだ声が聞こえ、肩の荷が下りた。

胸《むね》を撫《な》で下《お》ろす

心配事や不安など、気がかりなことが解消されて安心する。ようやくほっとする。

＊ひとまず、コンペの最終選考に残り、ほっと胸を撫で下ろした。

息《いき》を吐《つ》く

苦しみや不安、緊張から解放され、一休みする。ほっと一安心する。大きく息を吐くこともいう。

＊最終ゲームは、息を吐く暇もないほど激しいラリーの応酬が続いた。

古語表現

❖ 後《うし》ろ安《やす》し

安心だ。心配事がない。

❖ 落《お》ち着《つ》く

心が休まる。安心する。

❖ 心長《こころなが》し

安心する。のんびりする。

感情のことば

願う・望む

ねがう・のぞむ

冀《こいねが》う

どうしても、と切に望む。強く願い希望することの古風な言い方。「希う」「請い願う」などとも書く。

＊ライバルではあるが、あの人が頂点に立ち続けるのを冀う一人でもある。

欲《よく》の皮《かわ》が張《は》る

呆れるくらい、ひどく欲深い。欲の強さを皮にたとえている。「欲の皮が突っ張る」ともいう。

＊欲の皮が張る彼は、儲け話にすぐ飛びつくので、詐欺に遭わないか心配だ。

願《ねが》ったり叶《かな》ったり

相手の意向とこちらの希望が一致して、思い通りになること。願いや希望が叶うこと。

＊新天地に行けて給料も上がるなんて、願ったり叶ったりですよ。

待《ま》ちに待《ま》つ

非常に長いこと待ち続ける。心待ちにしていることを期待しながらひたすら待つ。

＊待ちに待った最新刊の発売日。開店を待ちきれない客が行列を作った。

喉《のど》から手《て》が出《で》る

ある物がどうしても欲しくてたまらないことを表現したたとえ。

＊喉から手が出るほど欲しかった限定グッズが、ネットオークションで高額で売られていた。

願《ねが》わくは

望むところは。願うことは。どうか。あとに、願っていることを伴って使われる古風な言い方。

＊願わくは、来年も貴方とこの景色が見られるとうれしいわ。

首《くび》を長《なが》くして待《ま》つ

良い知らせなど、期待していることの実現を待ち焦がれる。待ちわびる。「首を長くする」とも。

＊断水の不便さを痛感しながら、水道の復旧を首を長くして待っている。

古語表現

❖ 願《ねが》ふ

心の中で求める。望む。

❖ 請《こ》ふ

願い求める。

❖ 求《もと》む

望む。欲しがる。

感情のことば

空しい《むなしい》

空《うつ》ろ

むなしいことやその様子。心が空虚になり、ぼんやりとする様子。「うつろ」はからっぽのこと。

＊最後の大会で、あと一歩メダルに届かず、慰労の言葉も空ろに響いた。

儚《はかな》い

長く続かず、あっけなく消えていく様子。空しいさま。無常。「果敢ない」とも書く。

＊これだけ美しい花を咲かせても、朝にはしぼんでしまう。儚いものだ。

水《みず》の泡《あわ》になる

水に浮かぶ泡が消え去るように、それまでの努力や苦労がまったくの無駄になること。
＊ここで尾行がばれたら、これまでの苦労が水の泡になってしまう。

甲《か》斐《い》がない

力を注いだことに対する効果がないこと。報われない様子。「甲斐」は効果や効き目、価値のこと。
＊化学に興味のない学生たちが多くて、教える甲斐がない。

焼《や》け石《いし》に水《みず》

焼け石に水を少しかけても無駄なように、少しばかりの努力や援助では、何の役にも立たないこと。
＊五万の大軍に対し、二百の援軍が来たところで焼け石に水ではないか。

敢《あ》え無《な》い

思ったよりもろくて、あっけない様子。何の手ごたえもない。儚いさま。
＊本陣めがけ孤軍奮闘したが、敢え無く雑兵に首をとられた。

古語表現

❖空《むな》し
儚い。無意味だ。

❖徒《いたづ》ら
空しい。価値がない。

❖果《はか》無《な》し
あっけない。もろい。

感情のことば

堪える

たえる

石《いし》に齧《かじ》り付《つ》いても

どんなに苦しくても、我慢してこらえる。なにがなんでも耐え忍ぶさま。

＊僕の人生をかけたこの勝負には、石に齧り付いても絶対に勝ってみせると誓った。

恨《うら》みを呑《の》む

相手を憎む気持ちを心の中に留める。不満を表に出さずにこらえること。

＊取引先の担当者に言いたいことは山ほどあったが、恨みを呑んでその場を立ち去った。

凌《しの》ぐ

苦労や困難などを、じっと我慢して乗り越える。辛抱してその場を切り抜けること。

＊復旧工事が終わるまでは、ストックしていた水と食料で凌ぐしかない。

歯《は》を食《く》いしばる

歯を強く噛み合わせて、苦痛や悔しさ、怒りなどの感情を必死にこらえること。

＊この状況を打開するためには、歯を食いしばって前に進むしかあるまい。

踏《ふ》ん張《ば》る

開いた足に力を入れて強く突っ張るように、気力を出して負けまいとする。きついことに耐えるさま。

＊尾行を続けて踏ん張ること一週間、ようやく容疑者の背後が掴めてきた。

忍《しの》ぶ

気持ちを心の中に抑えて苦しいことを我慢する。静かにして、じっと辛抱する。

＊未来のために耐え忍ぶのではなく、未来そのものを変える政策が必要だ。

古語表現

❖ 忍《しの》ぶ
感情を出さず我慢する。

❖ 堪《た》ふ
こらえる。我慢する。

❖ 思《おも》ひ念《ねん》ず
我慢する。耐え忍ぶ。

感情のことば

緊張する

きんちょうする

固《かた》唾《ず》をのむ

物事の過程や結果が気になり、ドキドキしているさま。じっと息をこらす様子。
＊チームの命運を分ける一世一代の戦いを、固唾をのんで見守った。

張《は》り詰《つ》める

糸がピンと張るように、気持ちを引き締める。その場の空気や気持ちに緊張感がある様子。
＊そんなに張り詰めて仕事をしていたら、身体がまいってしまうよ。

息《いき》が詰《つ》まる

息が止まってしまいそうなほど、極度に心が張り詰めて苦しく感じる。
＊息が詰まるようなオーディション会場の雰囲気に、呑まれてしまった。

引《ひ》き締《し》まる

心や体にゆるみがなく、背筋がピンとのびるようにしっかりするさま。
＊大事な一戦に臨むチーム一同は、身が引き締まる思いで監督の激励に耳を傾けた。

襟《えり》を正《ただ》す

乱れた襟元をきちんと直すように、身を引き締めて物事に当たるさま。気を引き締める。
＊親を泣かせることばかりしてきたが、そろそろ襟を正すときがきたようだ。

強《こわ》張《ば》る

表情などがかたくなる。不自然に突っ張って硬直する。ごわごわする。
＊激しい怒りを抑えきれない彼の態度は、最後まで強張ったままだった。

早《はや》鐘《がね》を打《う》つ

心臓の音が聞こえそうなほど動悸が激しくなること。緊張や動揺をしている様子。

＊私は早鐘を打つ胸を抑えつつ、父が運び込まれた病院へ車を走らせた。

古語表現

❖ 畏《かしこ》む
恐れ多い。慎む。

❖ 竦《すく》む
萎縮する。こわばる。

感情のことば

恨む

うらむ

根《ね》に持《も》つ

相手のことを憎む気持ちを忘れない。心の中に忘れがたい恨みを抱くこと。

＊喧嘩したら口もきいてくれないあの人は、ネチネチと**根に持つ**性格だ。

恨《うら》みを募《つの》らせる

激しい不満や憤りを心の中に充満させること。憎しみが消えずに蓄積する。

＊何度掛け合っても願いを受け入れてくれない相手に、**恨みを募らせる**。

逆《さか》恨《うら》み

人の好意などをねじ曲げて解釈し、逆に恨む。筋の通らないことで人を恨む。

＊そんなことで君から文句を言われるなんて、**逆恨み**もいいところだよ。

目《め》の敵《かたき》にする

誰かのことを目にするたびに敵意を向けて、徹底的に憎悪すること。

＊大した理由もないのに僕を**目の敵にする**のは、いい加減やめてほしい。

古語表現

❖恨《うら》み侘《わ》ぶ

恨み悲しむ。

❖怨《えん》ず

恨む。恨み言を言う。

❖仇《あた》む

敵意をもつ。

感情のことば

嫉妬する

しっとする

やっかむ

才能のある人間や恵まれた環境の人などをうらやむこと。妬む・そねむ。

＊同期の中であいつが一番に出世したからって、やっかむことはないよ。

焼《や》き餅《もち》を焼《や》く

嫉妬すること。妬むという意味の「妬《や》く」を、餅を「焼く」ことにかけた言葉。

＊こんなささいなことで焼き餅を焼くのは、自分でもほとほと嫌になる。

岡《おか》焼《や》き

岡（傍）で焼き餅を焼くように、他人の仲の良さを妬み、うらやむこと。

＊恋人のことを得意気に話す親友を、彼は岡焼き半分に冷やかした。

角《つの》を出《だ》す

頭に角を生やしたように怒りを表して、（女性が）焼き餅を焼くこと。

＊これ以上夜遅くなると女房が角を出すから、そろそろ帰るとするよ。

古語表現

❖燻《ふす》ぶ

嫉妬する。焼き餅を焼く。

❖物疑《ものうたが》ひ

疑い、嫉妬すること。

❖嫉《そね》む

うらやむ。嫉妬する。

感情のことば

気持ち・心

きもち・こころ

人《ひと》となり

その人に生まれつき備わっている、持ち前の人柄。性質や品位、品格。

＊世界的スーパースターの記者会見には、誠実な人となりが表れていた。

心根《こころね》

目には見ることのできない、人間の心の奥の深い部分。本性、本当の心。

＊彼は粗暴だけれども、心根は優しい人だということをわかってほしい。

心延《こころば》え

その人からにじみ出てくる良い心の表れ。気立ての良さ。思いやりや心の配り具合。

＊困っている人を放っておくことができない彼女は心延えの優しい人だ。

心《こころ》の内《うち》

外側からはくみ取ることができない心の内側。嘘や偽りのない心。

＊誰にも話せずにいた苦しい心の内を、自分だけに打ち明けてくれた。

古語表現

❖心地《ここち》

気持ち。心。気分。

❖気色《けしき》

心の動き。機嫌。心地。

❖思《おも》ひ

心に思うこと。気持ち。

感情のことば

愛情

あいじょう

思《おも》いの丈《たけ》

相手のことを恋しく思う気持ちのすべて。心に抱いている思いの限り。

＊彼女は勇気を振り絞って、憧れ続けた彼に思いの丈を打ち明けた。

親心《おやごころ》

子どもを想う親の愛情。または、自分の子どものように相手を思いやる心。

＊口には出さなくても、いつも心配しているのが親心だよ。

真心《まごころ》

嘘偽りのない気持ち。ありのままの思い。心から真剣に相手に尽くす心、誠意。

＊友人からの真心のこもった贈り物に、深い感謝の意を示した。

古語表現

❖志《こころざし》
愛情。誠意。好意。

❖情《なさ》け
愛情。恋情。思いやり。

❖あはれ
愛情。好意。

様子・状態のことば

かわいい

かわいい

あどけない

無邪気でかわいらしい様子。幼児や小さな子どものように純真無垢でかわいいさま。

＊彼女がふいに見せるあどけない表情にどきっとした。

かわいげ

人にかわいいと感じさせる部分。「かわいい」は古語の「顔映《かほは》ゆし」が「かわゆい」になり、さらに音変化したもの。

＊あいつはドジだが、かわいげがあるやつだ。

猫《ねこ》かわいがり

飼い猫に優しく接して甘やかすように、むやみやたらにかわいがる。溺愛すること。

＊部長にとって初孫だから、猫かわいがりするのも無理ないさ。

円《つぶ》ら

瞳などがクリクリとしてかわいらしいさま。まるくてかわいらしい様子。「円らか」ともいう。

＊見合いの相手は目が円らで口が小さく、鼻筋が通った美しい顔立ちだ。

愛《あい》くるしい

あどけなくて、かわいらしいさま。憎めない雰囲気で、非常にいとおしいこと。

＊幼い子どもたちが無邪気に遊ぶ姿は、見ていてとても愛くるしい。

古語表現

❖らうたし

かわいらしい。愛おしい。

❖いとほし

かわいい。いとしい。

❖美《うつく》し

かわいい。愛らしい。

様子・状態のことば

美しい

うつくしい〈1〉

華《はな》やか

開いた花のように人を引きつけ、目立って美しい様子。派手で美しい。
＊夜のセミフォーマルでは、昼よりも華やかな服装が望ましいとされる。

あでやか

なまめかしいほど華やかで美しいさま。色っぽくつやがあり、上品である。
＊お色直しを終えた新婦は、あでやかなドレス姿で式場に現れた。

眩《まばゆ》い

まともに目が向けられないほど、きらきらして美しい。きらびやかである。「目映い」とも書く。
＊彼女の眩いばかりの美しさは、舞台上でひときわ光を放っていた。

しなやか

弾力があって、姿態などがよくしなるさま。すらりとして美しい様子。
＊無駄のないしなやかな彼女の身のこなしは、見ていて気持ちがいい。

瑞《みず》々《みず》しい

透明感があって、若々しい。フレッシュで生気に満ち溢れている。
＊化粧っ気がないその女性は、赤ん坊のような瑞々しい肌をしていた。

たおやか

姿や動作などが、柔らかで上品な感じがして美しいさま。しなやか。
＊秋の陽射しを受けて、たおやかに光りなびく金色のススキ野原。

見《み》目《め》麗《うるわ》しい

顔立ちや容貌が美しいこと。見た目、外見が整っていて壮麗なさま。

＊初舞台を踏む歌舞伎役者の見目麗しい容姿に、観客は息をのんだ。

様子・状態のことば

美しい

うつくしい〈2〉

水《みず》の滴《したた》るよう

瑞々しく、きわだって美しいさま。つやっぽくて非常に魅力的である。

＊水の滴るような若くてハンサムな男性に、彼女は一瞬で心を摑まれた。

匂《にお》い立《た》つ

かぐわしい花のように周りを引き付ける、女性の美しさを形容する表現。

＊彼の夢に現れたのは、匂い立つような色香をまとった女性だった。

映《は》える

光に照らされて、浮き出るように美しく輝く。鮮やかに引き立って見える。

＊初夏の陽射しに映える新緑の美しい緑に、旅行者たちは目を細めた。

掃《は》き溜《だ》めに鶴《つる》

ごみ捨て場のようなつまらない所に、美しいものがいることのたとえ。

＊あの劇団は、掃き溜めに鶴といわれる彼女の美貌で人気を保っている。

花《はな》も恥《は》じらう

若くて初々しい女性を形容する言葉。初心《うぶ》で美しく可憐な女性を指す。

＊花も恥じらう乙女の妹は、どこへ行っても周囲から褒めそやされる。

玉《たま》のよう

真珠や宝石のようにつやつやしてハリがあり、美しいことのたとえ。

＊仲睦まじい帝と中宮の間に、美しい玉のような男の皇子が誕生した。

粋《いき》

気質や態度、身なりなどがさっぱりと洗練されていて色気があるさま。

＊彼はおしゃれで気が利いて、ユーモアのセンスもある粋な男だ。

COLUMN

古語表現

いろいろな「美しい」を表すことば

❖ きらきらし

（容姿が）整っていて美しい。

＊そのかほのきらきらしきに（その容姿が整っていて美しい上に）〈万葉集〉

❖ うるはし

端正で美しい。

＊うるはしみ我《あ》が思《も》ふ君は（端正で美しいと私が思うあなたは）〈万葉集〉

❖ 匂《にほ》ひやか

艶やかで美しい。華やか。
＊いと匂ひやかにうつくしげなる人の（とても美しくてかわいらしい人が）〈源氏物語〉

❖ 目《ま》映《ばゆ》し

眩しいほど美しい。
＊いと目映きまでねびゆく（とても眩しいほどに美しく成長していく）〈源氏物語〉

❖ らうらうじ

上品で美しい。
＊らうらうじう愛敬《あいぎゃう》づきたる（上品で美しく魅力があるのは）〈枕草子〉

❖ 形《かたち》あり

姿形が美しい。
＊「形ありや」「をかしや」など、若き御達《ごたち》の（「容姿が美しいわ」「素晴らしいわ」などと、若い女房達が）〈源氏物語〉

❖ 香《かぐは》し

美しい。心引かれる。
＊香し君を相見つるかも（美しいあなたにお会いしました）〈万葉集〉

❖ 清《きよ》ら

（容姿が）清らかで美しい。気品がある。
＊世になく清らなる玉の男御子（この世にまたとない清らかで美しい玉のような皇子）〈源氏物語〉

❖ くはし

細やかで美しい。
＊出で立ちのくはしき山ぞ（そびえ立つ姿が繊細で美しい山だよ）〈万葉集〉

❖ 艶《なま》めかし

優美だ。優雅だ。
＊今より艶めかしう恥づかしげに（今から優美で（こちらが）恥ずかしいほど優れていらっしゃるので）〈源氏物語〉

様子・状態のことば

良い

よい

誂《あつら》え向《む》き

希望どおりにぴったり合っているさま。注文したように最適であること。

＊やっかいな仕事だけど、地道で辛抱強い彼にはお誂え向きかもしれない。

色好《いろよ》い

こちらが望んだとおりのさま。相手が好意的で、こちらに都合が良いこと。

＊多忙を極める会長から、色好い返事を聞くことができてひと安心した。

うってつけ

誂えたように、物事がぴったりと合致すること。また、そのさま。

＊若者を呼び込みたいという新しい店に、うってつけの場所を見つけたよ。

かぐわしい

好ましいもの。良い香りにうっとりするように、心が引かれること。

＊愛する人と過ごすひとときほど、贅沢でかぐわしいものはない。

好《この》ましい

感じが良く、好みや望みにかなっている。感覚的に気に入っている。

＊本当に好ましい女性に出会えるまでは、このまま独身を貫くつもりだ。

古語表現

❖ 宜《よろ》し

適当だ。ふさわしい。

❖ よし

優れている。申し分ない。

❖ 然《しか》るべし

ふさわしい。適当だろう。

様子・状態のことば

悪い

わるい

あくどい

やり方が行きすぎて、どぎつい。度を超えていて、しつこく、たちが悪い。

＊あんなにあくどい商売をしていたら、足をすくわれるに決まっている。

悪《あ》し様《ざま》

相手のことを実際よりも悪いものとして扱うさま。悪意を込めた物言い。

＊ひどく酔っぱらった先輩は、悪し様に上司への不満をぶちまけた。

えげつない

もののやり方や言い方が節度を超えていて、人情味がなく嫌らしい。

＊えげつないほど下品な市長の冗談は、間違いなくセクハラに該当する。

腹《はら》黒《ぐろ》い

性格がねじれていて意地が悪い。心の中に良からぬたくらみを秘めている。

＊腹黒い社長の言葉は、額面どおりに受け取らないほうが身のためだ。

道《みち》ならぬ

人が本来進むべき道からはずれたさま。道理や道徳にそむいている。

＊道ならぬ恋に身を焦がしたとしても、周りの人を傷つけてしまうだけ。

古語表現

❖悪《わろ》し
悪い。良くない。

❖正《まさ》無《な》し
良くない。見苦しい。

❖悪《あ》し様《ざま》
良くない様子だ。

様子・状態のことば

平気

へいき

怖《お》めず臆《おく》せず

怖気づいたり気後れしたりせずに、少しも恐れない。ものともしない。
＊やましいことがないのなら、怖めず臆せず、堂々としていよう。

涼《すず》しい顔《かお》

自分にも関係があることなのに、知らないふりをしてすましている様子。
＊他のみんなが慌てて困っているのに、彼女一人だけは涼しい顔だった。

蛙《かえる》の面《つら》に水《みず》

どんな仕打ちを受けても動じないことのたとえ。厚顔《こうがん》、恥知らず。
＊いくら言って聞かせても蛙の面に水で、態度を変えようとしてくれない。

事《こと》も無《な》げ

事を事とも思わず、大したことではないかのように平然としているさま。
＊難しい手術を事も無げに次々とやってのける彼は、稀代の名医だ。

びくともしない

身を震わせたり、強張らせたりすることなく、落ち着いている様子。

＊本人の意志はかたく、どんなに反対してもその信念はびくともしない。

落《お》ち着《つ》き払《はら》う

慌てる様子が少しもなく、ゆうゆうとしている。まったく冷静である。

＊彼女は落ち着き払って悠然と舞台に上がり、大女優の貫禄を見せつけた。

古語表現

❖ 然《さ》らぬ顔《がほ》

何でもないという顔つき。

❖ 事《こと》なしぶ

何事もなかった風にする。

❖ つれなし

平気な様子だ。

様子・状態のことば

勇ましい

いさましい

怖《こわ》いもの知《し》らず

自信に溢れ、不安や恐れるものが何もないこと。世間知らずで無鉄砲なこともいう。

＊怖いもの知らずの新入社員は、苦情電話にも臆せず応対していた。

血《ち》が騒《さわ》ぐ

体が熱くなるほど気持ちが高ぶって、じっとしていられなくなる。心が躍ってわくわくする。

＊試合開始のゴングが鳴ると、見ているこちらも血が騒いでくる。

鼻《はな》息《いき》が荒《あら》い

態度や言葉などで、威勢の良さや意気込みの激しさが感じられる様子。負けん気が強いさま。

＊この大会でオリンピック出場が決まる彼は、いつになく鼻息が荒い。

奮《ふる》い起《お》こす

自分で自分を励まして、衰えそうな気力や感情などを盛んにする。気合を高める。

＊彼の家の前に着くと、勇気を奮い起こしてインターフォンを鳴らした。

雄《お》々《お》しい

危険な状況や大変な局面にあっても、勇ましく立ち向かう様子。勇気に溢れているさま。

＊甚大な被害を前に、隊員たちはひるまず雄々しい姿で救援に当たった。

漲《みなぎ》る

感情や力などが、今にも体から溢れそうなほどに盛り上がっていっぱいになる。

＊初舞台の本番が近づくにつれて、やる気が漲ってくる。

逸《はや》り立《た》つ

早く早くと気持ちが盛り上がって勇み立つ。興奮して勢い込む。

＊あと少しで推しに会えると思うと、逸り立つ心が抑えられない。

古語表現

❖ 猛《たけ》し
勇ましい。勢いづく。

❖ 勢《いきほ》ふ
活気づく。

❖ 逸《はや》る
勇み立つ。

威張る

いばる

ふんぞり返《かえ》る

体を後ろに反らすようにして、たいそう偉そうな態度をとる様子。

＊社長の椅子にふんぞり返っていられるのも、今の内だ。

おごり高《たか》ぶる

自分の才能を誇って他人を見下し、偉そうな振る舞いをする。

＊一度の勝利でおごり高ぶっているようなチームでは、優勝できない。

威《い》張《ば》り散《ち》らす

だれかれ構わず偉そうな態度をとる。むやみやたらに威張る。

＊部下に威張り散らすだけで、自分では何もしないなんて最低な上司だ。

のさばる

自分の思いのままに偉そうに振る舞う。周囲を抑え込んで力を振るう。

＊やつらをのさばらせておいたら、この街が大変なことになる。

付《つ》け上《あ》がる

相手がだまっているのをいいことに、どんどん偉そうになる。思い上がり、自分勝手に振る舞う。

＊父さんが甘やかすから、妹が付け上がって、言うことを聞かなくなるんだ。

お高《たか》くとまる

気位が高く、人を見下した態度をとる。つんとして、きどっている。

＊あの人は、お高くとまっていて、私たちとは目も合わせない。

幅《はば》を利《き》かせる

自分の地位や力、勢いを利用して、人を従わせる。威張って力を振るう。

＊このクラスで幅を利かせているのは、あの五人組だ。

古語表現

❖嵩《かさ》取《ど》る
横柄な態度をとる。

❖見《み》下《さ》ぐ
見下す。下に見る。

❖甲《かう》に着《き》る
他人の威光で威張る。

様子・状態のことば

得意げ

とくいげ

鼻《はな》にかける

自分に関係する物事を得意がる。調子に乗って自慢げに振る舞うさま。
＊彼は、いい大学を出ているのを鼻にかけているが仕事はできない。

顎《あご》を撫《な》でる

満足し得意になっている様子のたとえ。自慢げな顔をする様子。
＊やっと犯人がわかったと、探偵は顎を撫でながらこちらを見た。

鬼《おに》の首《くび》を取《と》ったよう

大したことでもないのに、自分の手柄だと大げさに得意がる様子のたとえ。
＊予想が当たったと言って、鬼の首を取ったようにはしゃいでいる。

肩《かた》で風《かぜ》を切《き》る

肩を怒らせ、得意顔で威張り返って歩く。力を誇示する様子。
＊両軍の応援団長が、肩で風を切るようにして、堂々と歩いてきた。

晴《は》れがましい

表立つなどして華やかで、誇らしげなさま。いかにも晴れやかな様子。

＊由緒ある場所に招かれて、晴れがましい気持ちになった。

これ見《み》よがし

どうだと言わんばかりに得意げに見せつけてくる。あてつけがましく見せてくる様子。

＊高級ブランドのバッグをこれ見よがしに、こんなところまで持ってきた。

ひけらかす

自分の才能などを自慢して見せつける。得意になって見せびらかす。

＊知っていることをひけらかして、かえって呆れられてしまった。

古語表現

❖ 誇《ほこ》ろふ

得意になっている。

❖ 我猛《われだけ》し

得意そうな様子だ。

❖ したり顔《がほ》

自慢げな顔。得意顔。

様子・状態のことば

すごい・素晴らしい

すごい・すばらしい〈1〉

水《みず》際《ぎわ》立《だ》つ

他と比べて明らかに違いがあって、はっきりと目立つ。ひときわ鮮やか。
＊試合で水際立った活躍を見せた選手に、インタビューをする。

目《め》覚《ざ》ましい

目が覚めるように、とても素晴らしい。驚くほど素晴らしく、立派な様子。
＊毎年、目覚ましい進歩を続けている技術についていくのは大変だ。

指《ゆび》折《お》り

たくさんのものがある中で、指を折って数え上げるほどに秀でている。「屈指」という言い方もある。
＊ガイドブックにもよく紹介される、この辺では指折りの名店。

ずば抜《ぬ》ける

普通の程度のものより、はるかに優れている。「ずば抜ける」ともいう。
＊彼は、子どものころから、ずば抜けて足が速かったし、努力家だった。

類《たぐい》ない

非常に優れていたり、悪かったりして、比べるものがない。普通の程度をはるかに超えている。
＊日本料理の繊細な調理法や盛りつけは、世界に類ないものだ。

長《た》ける

ある方面に長じている。知識や技術などが十分に身についていて、優れている。
＊宣伝力に長けた会社の商品は、たくさん店頭に並ぶようだ。

秀《ひい》でる

他よりもひときわ優れている。くっきりと目立つ。「立派」という意味もある。

＊社会では、多芸よりも、一芸に秀でた人が求められているようだ。

古語表現

❖甚《いた》し

非常に優れている。

❖甘《うま》し

素晴らしい。立派だ。

❖並《な》べてならず

並でない。格別だ。

様子・状態のことば

すごい・素晴らしい

すごい・すばらしい〈2〉

一角《ひとかど》

他と比べて特に優れている。特に目立っている。「いっかど」とも言う。

＊彼女は、世界的に人気の高い、一角のピアニストだった。

えも言《い》われぬ

言葉では、なんとも言い表せない。多く、「言いようがないほど良い」の意味で使われる。

＊この映画は、観る人にえも言われぬ感動を味わわせてくれる。

華々《はなばな》しい

華やかで、人目を引きつける。はでやか、きらびやかで、とても見事なこと。

＊今まで無敗のチャンピオンが、華々しくリングに登場する。

輝《かがや》かしい

きらきらと光を放つかのように素晴らしい。まぶしいほど立派なさま。

＊今まで過ごしてきた、輝かしい時間はもう二度と戻らない。

光《ひか》る

才能や技術、人物などがひときわ優れている。他より優れて、目立っているさま。

＊一人ひとりが、それぞれ何か光るものを持っているはずだ。

見事《みごと》

とても立派で、素晴らしい様子。また、上手で手際が鮮やかな様子。

＊駅前のクリスマスツリーがとても見事で、しばらく見とれてしまった。

右《みぎ》に出《で》る者《もの》がない

その人以上に優れている者はいないということ。古代中国で、右が上座だったことから。

＊この歌を歌わせたら、彼女の右に出るものはいない。

古語表現

❖めでたし
立派だ。素晴らしい。

❖珍《めづら》し
めったになく素晴らしい。

❖目覚《めざ》まし
目の覚めるほど立派だ。

様子・状態のことば

明白

めいはく

明《あき》らか

物事が、はっきりしている様子。疑いようもなく、確かな様子。

＊相手チームがファールをしたのは、誰の目にも明らかだ。

ありありと

まるで現実のようにはっきりと心に浮かぶ。また、物事の状態がはっきりと外に表れる様子。

＊今でも、子どものころに遊んだ街の様子をありありと覚えている。

けざやか

はっきりとして、よく目立つ様子。きわだっている様子。「け」は接頭語。

＊街灯に照らされて、満開の桜の花がけざやかに揺れている。

紛《まぎ》れもない

この上なくはっきりとしていて、疑う余地もない。間違いない。

＊証拠として発見されたナイフは、紛れもなく私のものだった。

詳《つまび》らか

細かいところまで、とても詳しくはっきりしている様子。「つばひらか」の音が変化したもの。

＊それは個人の情報なので、ここで詳らかにすることはできない。

言《い》うまでもない

わざわざ言う必要もないほど、はっきりとしている。わかりきっている。言うに及ばない。

＊言うまでもないが、会場内は写真撮影が禁止されている。

古語表現

❖ 明《あき》らけし
はっきりしている。

❖ 顕《あらは》
明白である。

❖ 清《さや》けし
はっきりしている。

様子・状態のことば

曖昧

あいまい

そこはかとない

なんというわけもない、どうということでもない。理由や原因などをはっきり表せない様子。

＊毎日、そこはかとない不安を感じながら暮らしている。

雲《くも》をつかむ

物事がぼんやりとしていて、はっきりせず、とらえどころがない様子。

＊人員確保案も具体的なビジョンもない、雲をつかむような計画だ。

あやふや

物事がしっかりと定まらず、はっきりしない様子。不確かで、あてにならない様子。

＊あやふやなことばかり言うので、何がしたいのかさっぱりわからない。

口《くち》を濁《にご》す

はっきりと言わずに、ごまかす。話をぼやかし、曖昧にする。

＊その話になると、なぜかみんな口を濁して教えてくれない。

おぼろげ

物事がぼんやりして、不確かな様子。ぼうっとかすむように、はっきりしない様子。

＊経緯を整理してみて、おぼろげながらわかってきたこともある。

たゆたう

気持ちが揺れ動いて定まらなくなる。ぐずぐずとためらう。決心がつかなくなる。

＊やめるとも進めるとも決められず、たゆたうばかりだ。

煮《に》え切《き》らない

ぐずぐずしていて、態度をはっきりさせない。いつまでも決めない。

＊このまま煮え切らない関係を続けていても、何もいいことはない。

古語表現

❖ 鬱《おほほ》し

はっきりしない。

❖ そこはかとなし

とらえどころがない。

❖ 覚束《おぼつか》なし

ぼんやりしている。

様子・状態のことば

難しい

むずかしい

おいそれとはいかない

物事の完成や達成などを急ぎたくても、そう簡単にはいかないこと。

＊この訴えを取り下げるなんて、そうおいそれとはいかない。

一筋縄《ひとすじなわ》ではいかない

物事が安易には進まない様子。通常のやり方では歯が立たない。

＊彼に今回の責任を認めさせるのは、一筋縄ではいかないだろう。

手《て》が込《こ》む

手間がかかって複雑なこと。物づくりなどにおいて緻密で技術が高いこと。

＊受賞した推理小説を読んだが、とても手が込んだトリックで素晴らしかった。

ややこしい

変に小難しい様子。物事が込み入って複雑になること。

＊彼女はいつも余計な口をはさみ、話をややこしくする。

古語表現

❖難《かた》し

難しい。容易でない。

❖苦《くる》し

難しい。困難だ。

❖難儀《なんぎ》

困難なこと。

様子・状態のことば

易しい

やさしい

お茶《ちゃ》の子《こ》さいさい

難なく平気でやってしまえること。手っ取り早くできること。「さいさい」は囃子言葉からきている。

＊心配しなくても、こんなこと私にはお茶の子さいさいだ。

赤子《あかご》の手《て》を捻《ひね》るよう

自分の思い通りに弱者を扱う様子。物事などが容易に片付くことのたとえ。

＊最下位チームとの対戦は、赤子の手を捻るように勝てるはずだ。

訳《わけ》ない

苦にもならない、簡単にすぐできる、手間もかからないこと。

＊コースいちの難所を、彼は訳なく走り去っていった。

朝《あさ》飯《めし》前《まえ》

何の苦もなく、できてしまう様子。朝食前のわずかな隙間でできるように簡単なこと。

＊その程度の事務作業なら、彼にとっては朝飯前だよ。

古語表現

❖た易《やす》し
簡単だ。たやすい。

❖事《こと》も無《な》し
容易だ。造作もない。

❖か易《やす》し
易しい。簡単だ。

様子・状態のことば

幸運

こううん

悪運《あくうん》が強《つよ》い

悪いことをしたにもかかわらず、ラッキーなことが訪れる状態。不運を回避すること。

＊私は悪運が強く、今までの仕事のミスは発覚していない。

間《ま》がいい

本人は意図していないが、タイミングが良いこと。好都合で、運が良いこと。

＊間がいいことに、留守番を頼めそうな友人から連絡がきた。

棚《たな》から牡丹餅《ぼたもち》

自分は何もしていないのに、思わぬ幸運な出来事に恵まれること。略して「たなぼた」ともいう。

＊その場に居合わせただけで仕事の依頼がきて、棚から牡丹餅だ。

儲《もう》けもの

予期せず、得になるような物や幸運が転がり込んでくること。

＊あのような優秀な人材が当社に来てくれるなんて、儲けものだ。

古語表現

❖幸《さいは》ひ
幸運。幸せなこと。

❖仕合《しあ》はせ
幸運。運が良い。

❖果報《くわほう》
幸運。

様子・状態のことば

不運
ふうん

運《うん》の尽《つ》き

持っている運が尽きること。悪い方に向かっていくときの運命の分かれ目。

＊不仲の友人にばったり会ったのが、運の尽き。嫌味を言われた。

踏《ふ》んだり蹴《け》ったり

不運や災難などが続いて重なる状態。アンラッキーなことが複数降りかかること。

＊今日は遅刻したうえに忘れ物もして、踏んだり蹴ったりだ。

泣《な》き面《つら》に蜂《はち》

不運に遭っているところに、さらに別な不運が追い打ちをかけることのたとえ。

＊収入が減ったのに、さらなる物価の上昇で、泣き面に蜂だ。

弱《よわ》り目《め》にたたり目《め》

不運にみまわれ気弱になっているところへ、重ねて良くないことが起こること。

＊詐欺に遭い、その上自宅がボヤ騒ぎになるとは、弱り目にたたり目だ。

古語表現

❖ 拙《つたな》し

運がない。不運だ。

❖ 幸無《さちな》し

運が悪い。不幸だ。

❖ 不祥《ふしゃう》

不運。不幸。

珍しい

めずらしい

様子・状態のことば

類《たぐ》い稀《まれ》

非常に貴重で、他ではめったに見られないさま。同じ例が見当たらないこと。

＊彼女は、類い稀な美貌と才能を持った人物である。

後《あと》にも先《さき》にも

とても珍しいことを表すときの前置き。またはそれを強調する言葉。

＊そのような奇跡的な出来事は、後にも先にも聞いたことがない。

目《め》新《あたら》しい

それまでにはなかったような、新しさがある事柄や物。珍しく変わった様子をさす。

＊彼の目新しい服装は、学校でも注目と話題を集めた。

古語表現

❖ 珍《めづら》し
これまでに例がない。

❖ 有《あ》り難《がた》し
珍しい。めったにない。

❖ 稀《まれ》
めったにない。

其の1

和のことばの細やかさ
―仮名文字から捉える―

ことばに込められた意味には、それぞれの特徴が表れます。よく知られた『枕草子』の次の一節から考えてみましょう。

春はあけぼの、やうやう白くなりゆく山際《やまぎは》、すこし明《あ》かりて紫《むらさき》だちたる雲の、細くたなびきたる。

「山際」は空が山に接する部分を指しています。「際」はモノとモノとが接する部分なので、徐々に白くなるのは、山と空とが接している空を指しているのです。これと似たことばに「山の端《は》」があります。ここでは「端」が重要です。「端切《はぎ》れ」の「端」と同じで布の切れ端、つまり布に重点が置かれているのです。そうすると「山の端」は山が空と接する山側を指した表現と理解できます。

このような細かな表現の違いを「和のことば」は巧に表現することを可能にしたのです。ことばの細やかさでは、次のことばの違いがわかるでしょうか。

叢雲《むらくも》　茜雲《あかねぐも》　鯖雲《さばぐも》
叢雨《むらさめ》　小糠雨《こぬかあめ》　氷雨《ひさめ》

いずれも自然現象を表したことばです。雲の様子や雨の降り方を、細やかに言い分けています。この違いを書き分けることで、単なる雲や雨ではなく、季節やそのときの状況を生き生きと描き出すことができます。

和のことばは、自然と共に生きて来た先人の細やかで豊かな観察眼によって創り出されたことばの宝物なのではないでしょうか。そうした和のことばの上手い使い手として継承していく必要があります。

性格・性質のことば

強い

つよい

骨《ほね》のある

メンタルの強さを表す。粘り強い、芯がある、諦めないこと。また、男らしさも表す。
＊あの場を立ち去らなかった彼は、骨のあるヤツだと思った。

筋《すじ》金《がね》入《い》り

主に人の性格や性質において、芯の強さや一途なまでの頑固さなどを強調する言葉。
＊彼女のアイドルに対するこだわりは、筋金入りだ。

打《う》たれ強《づよ》い

物理的に殴られても倒れない、またはさまざまなことに耐え続けられる強靭な精神力。
＊打たれ強い彼は、あの逆境の中でもよく頑張っている。

粘《ねば》り強《づよ》い

途中で諦めたり、放り投げたりしない。根気強く行動する姿勢。
＊粘り強く説得した結果、反対派から理解を得ることができた。

強《したた》か

邪魔や圧力などに影響されず、粘り強く着々と目標などに向かう様子。芯が強い。
＊課長は強かな戦略で売り上げを伸ばし、部長に昇格した。

歯《は》が立《た》たない

技術や力量などが、到底相手にはかなわないこと。自分の力不足を表すたとえ。
＊あの試験は、とても難しくてまったく歯が立たなかった。

鼻《はな》っ柱《ばしら》が強《つよ》い

自己主張が強い気質。他人と張り合い、相手を負かすほど気性が荒いこと。

＊鼻っ柱が強い彼女との議論は、誰もが避けたがっている。

古語表現

❖ 悍《おぞ》し

気が強い。強情だ。

❖ したたか者《もの》

しっかりとした人。

❖ 強《こは》し

強情だ。頑固だ。

性格・性質のことば

弱い

よわい

へたれ

臆病で気が弱く、情けないさま。または、そのような人のこと。
＊彼が、これくらいのことで引き下がるへたれとは思わなかった。

弱虫《よわむし》

意気地がない、気が弱い人のこと。物事を成し遂げようとする意思が希薄な様子。
＊彼女に弱虫なところを見られまいとして、彼は必死だった。

腰《こし》抜《ぬ》け

勇気や意欲が乏しく、弱々しく頼りない人。逃げ腰な態度。

＊あのような腰抜けに、現場を任せるわけにはいかない。

ひ弱《よわ》

弱々しく、丈夫ではない様子。芯がなく、今にも壊れそうで脆弱なこと。

＊あんなにひ弱だった小鳥たちが丈夫に育ってくれて安心した。

柔《やわ》

ひ弱でもろい様子。線が細くて壊れやすい性質を表す。

＊あいつはそんなことで落ち込むほど柔じゃないだろう。

見《み》かけ倒《だお》し

表面的には立派に見えても、中身は裏腹に劣っていること。

＊一見、尊敬されるリーダーに見えても、それは見かけ倒しだ。

肝《きも》が小《ちい》さい

気が小さな小心者、度胸も勇気もない性質のこと。気弱な様子。

＊肝が小さい私は、真実を口に出すチャンスを逃してしまった。

古語表現

❖あえか
か弱い。儚い。

❖幽《かす》か
（声などが）弱弱しい。

❖弱《よわ》し
（気力などが）弱い。

性格・性質のことば

謙虚・控えめ

けんきょ・ひかえめ

しおらしい

おとなしく、控えめな佇まい。出しゃばったことをせず、上品でけなげな様子。

＊意外にしおらしい彼女の態度に、すっかり魅せられてしまった。

腰《こし》が低《ひく》い

人と接する態度が謙虚で、へりくだっている様子。威張らない控えめな姿勢のこと。

＊会うといつも腰が低く、余計なことを言わない感じの良い人だ。

慎《つつ》ましい

華美ではなく素朴で質素、遠慮がちでしとやかな雰囲気。

＊道端にそっと咲く小さな花を見て、慎ましくかわいらしいと思った。

しとやか

品があって落ち着きのある様子。主に女性の佇まいに対して使う言葉。

＊みんなが認める彼女のしとやかさは、生まれもったものだろう。

古語表現

❖ しをらし
控えめだ。けなげだ。

❖ 優《やさ》し
しとやかだ。慎み深い。

❖ 奥《おく》まる
奥ゆかしい。控えめだ。

性格・性質のことば

親しみやすい《したしみやすい》

人《ひと》懐《なつ》こい

初対面でも、距離をとらずに打ち解けやすいこと。親しみやすく、安心感のある人。

＊隣人に人懐こい笑顔を向けられ、緊張していた気持ちがゆるんだ。

心《こころ》やすい

気心が知れた、遠慮がいらないなど、気楽で安心できる気持ち。

＊大学の友人とは心やすい間柄なので、よく会って話をする。

取《と》っ付《つ》き易《やす》い

初めてでも取り組み易いこと。また、初対面でも付き合い易さを感じる人。

＊申し込んだワークショップは、取っ付き易い内容で楽しかった。

古語表現

❖ 気《け》近《ちか》し

親しみやすい。

❖ 心安《こころやす》し

親しい。気安い。

❖ 思《おも》ひ睦《むつ》ぶ

気を許せる。

性格・性質のことば

優しい

やさしい

哀《あわ》れみ深《ぶか》い

他人の苦しみに寄り添い、かわいそうに思う感情を強くもっている。慈悲や労りの気持ちに溢れる。

＊誰にでも情けをかける彼のような哀れみ深い人は見たことがない。

心温《こころあたた》まる

人の優しさや情の深さなどに触れて、ほっこりした気持ちになること。

＊友からの心温まる便りに、明日への希望と生きる気力を取り戻した。

情《なさ》け深《ぶか》い

他人を労り、思いやる気持ちが強いこと。人間味のある心、愛情深さ。

＊上司からかけられた情け深い言葉に、涙が溢れそうになった。

細《こま》やか

気配りが行き届いて、情の厚いさま。隅々まで心がこもっていること。

＊名旅館のもてなしは、旅の疲れが吹き飛ぶような細やかなものだった。

心優《こころやさ》しい

気立てが素直で、深い愛情に溢れているさま。思いやりがあること。

＊心優しい姫は、飢饉に見まわれた人々を自分のことのように哀れんだ。

古語表現

❖情《なさ》け情《なさ》けし

深い思いやりがある。

❖細《こま》やか

愛情深い。丁寧だ。

❖心有《こころあ》り

思いやりがある。

性格・性質のことば

穏やか

おだやか〈1〉

大《おお》らか

小さなことにこだわらず、心がゆったりと落ち着いたさま。おおよう、寛大。
＊屈託のない笑顔で話す彼の大らかな態度に、彼女は好感をもった。

おとなしい

性質や態度などが従順で静かなこと。口数が少なく、気持ちが素直である。
＊彼女は人見知りでおとなしいが、芯はしっかりして明るい子だよ。

和《なご》やか

心がふっと軽くなるように空気や雰囲気などが柔らかく、のどかなさま。
＊親族同士の初めての顔合わせは、和やかな雰囲気で行われた。

虫《むし》も殺《ころ》さない

小さな虫さえも気が咎めて殺せないほど、優しくおとなしそうである。
＊虫も殺さない顔をしている人ほど、裏で何をしているかわからない。

のびやか

心が解き放たれたように、のびのびとしている。ゆったりして穏やかなさま。
＊心の奥底まで響くようなのびやかな歌声で、聴衆を魅了する名歌手。

円《まど》か

とげとげしいところがなく、穏やかで円満な様子。つつがなく、安らか。
＊どこに出しても恥ずかしくない、品があって円かな人柄の御令嬢ですね。

古語表現

❖ なだらか
穏やかだ。

❖ 和《なご》やか
穏やかだ。物静かだ。

❖ 穏《おだ》し
落ち着いている。

性格・性質のことば

穏やか

おだやか〈2〉

物静《ものしず》か

言動や態度が落ち着いていて荒々しいところがなく、ゆったりしている。

＊物静かな性格の彼女は、いつもニコニコしていてみんなの聞き役だった。

おっとり

人柄や態度などがおうようでゆとりがあり、せかせかしていない様子。

＊彼のおっとりした人柄は、普段の行いにも表れている。

暢気《のんき》

性格や気分などが気楽でのんびりとしている。こせこせしていない。

＊これまでが忙しかった分、老後は田舎に引っ込んで暢気に暮らすよ。

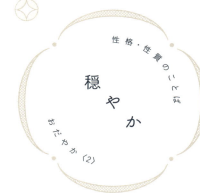

左団扇《ひだりうちわ》

左手で団扇をゆっくりあおぐように、余裕をもってのんびり暮らすこと。
＊宝くじが当たったら、何の心配もいらない左団扇の生活も夢じゃない。

素直《すなお》

性格や態度などが従順でひねくれていないこと。まっすぐで穏やかなさま。
＊園児たちには、明朗快活《めいろうかいかつ》で素直な性格のまま育ってほしいと願っている。

物柔《ものやわ》らか

態度や言動にかたいところがなく、おっとりとしていてしなやかなさま。
＊あんなに上品で物柔らかな紳士には、これまで会ったことがない。

長閑《のどか》

差し迫ったところがなく、雰囲気などがひっそりとして穏やかな様子。
＊珍しいことに今日は来客もなく、実に長閑な一日だった。

古語表現

❖大人《おとな》し
落ち着いている。

❖おいらか
おっとりしている。

❖長閑《のど》けし
のんびりしている。

性格・性質のことば

賢い

かしこい

聡《さと》い

反応が鋭く、理解するスピードが早い。判断が素早く、かつ的確である。
＊村一番の聡い子だから、道案内をさせればきっと役に立つだろう。

目《め》端《はし》が利《き》く

その場に応じて素早く的確な気働きができて、抜かりがない。目先が利く。
＊人気アイドルのマネージャーは、目端が利く者でなければ務まらない。

切《き》れる

頭の回転が速く、物事をテキパキと処理・判断する能力に秀でている。
＊社長からも厚い信頼を寄せられている上司は、社内一の切れる者だ。

小《こ》賢《ざか》しい

利口ぶって生意気である。何かにつけて要領よく振る舞い、抜け目がない。
＊まだ右も左もわからない輩が、そんなに小賢しい口をきくもんじゃない。

読《よ》みが深《ふか》い

これからどうなるか推測して、先の先まで的確に見通していること。

＊相手の出方をそこまで見抜いていたとは、さすがに読みが深い。

目《め》から鼻《はな》に抜《ぬ》ける

頭の働きがよく、判断が素早い。物事がよく見えていて、理解が早いこと。

＊一を言えば十わかる今度の新人は、目から鼻に抜けるような逸材だ。

抜《ぬ》け目《め》ない

よく気がついて、やることに抜かりがない。うまい話などを逃さないこと。

＊いつの間にかあんなに素敵な彼女がいたなんて、抜け目ない男だ。

古語表現

❖ 賢《さか》し

賢い。分別がある。

❖ 才才《かどかど》し

賢い。才気がある。

❖ 聡《さと》し

賢い。理解が早い。

性格・性質のことば

いい加減《いいかげん》

大《おお》まか

小さなことにこだわらず、細かくないさま。緻密でなく、おおざっぱ。
＊万事に大まかな仕事ぶりの後輩は、一度きちんと教育し直すべきだ。

投《な》げやり

どうでもいいと物事を無責任に行うこと。なりゆきまかせにするさま。
＊いつまでも投げやりな態度をとり続けていると、大事な仲間を失うよ。

でたらめ

筋が通らず、首《しゅ》尾《び》一《いっ》貫《かん》しないこと。また、そのような言動。出まかせ。
＊君の言っていることはもっともらしく聞こえるが、みんなでたらめだ。

恕《ゆるが》せ

注意を怠り、放置しておくこと。気にしないで、おろそかにするさま。
＊ご依頼の件は恕せにせず、きっちり行いますのでご安心ください。

御《お》座《ざ》なり

物事をその場しのぎのように、いい加減にすませること。なおざり。
＊混雑する時間帯とはいえ、あれほど御座なりな接客はありえない。

粗《あら》っぽい

細かいところまで気が回っていなくて、おおざっぱである。大まか。
＊仕上げが粗っぽいので、お客様から苦情がくる前にやり直してほしい。

ぞんざい

やり方や口のきき方が粗雑で乱暴。扱いがていねいでなく、粗っぽいこと。
＊気性が荒い彼は、身内だけでなく誰に対してもぞんざいな言葉づかいだ。

古語表現

❖おほぞう
おおざっぱだ。

❖疎《おろそ》か
いい加減だ。なおざりだ。

❖等閑《なほざり》
いい加減だ。本気でない。

性格・性質のことば

愚か

おろか

浅《あさ》はか

物事に対する考えなどが浅く、注意深い判断が足りないこと。未熟なさま。
＊そんなことで儲けようなんて、浅はかな考えは捨てたほうがいい。

痴《し》れ者《もの》

思慮深いところがなく、頭の働きが鈍い人。智恵が乏しい愚か者。
＊何度も同じような失敗を繰り返す彼は、救いようのない痴れ者だ。

片腹痛《かたはらいた》い

身の程を知らない他人の行いを、滑稽に感じること。笑止千万である。
＊今さら君からそんな説教をされるとは、おかしすぎて片腹痛いわ。

くだらない

物事の程度が低くて、真剣に向き合うだけの価値がない。ばかばかしい。
＊くだらない話に時間を費やしている暇があったら、もっと勉強するべきだ。

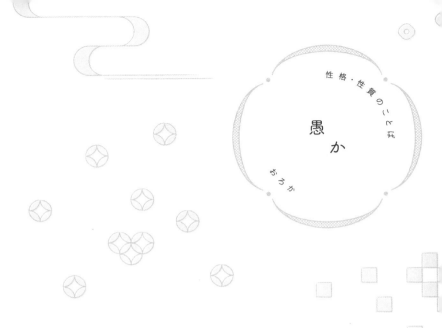

間《ま》抜《ぬ》け

頭の回転が鋭くなく、どこか抜けたところがあること。また、そのさま。

＊あいつは一見どじで間抜けだが、爪を隠しているのかもしれないよ。

古語表現

❖ 痴《をこ》

愚かなことや様子。

❖ 暗《くら》し

無知で愚かだ。

❖ 拙《つたな》し

愚かで劣っている。

性格・性質のことば

軽率《けいそつ》

軽《かる》はずみ

深く考えずに、そのときのはずみで言ったり、したりすること。また、そのさま。

＊私の軽はずみな行動でこんなことになってしまい、申し訳ありません。

軽《かる》々《がる》しい

物事に対する思慮が足りず、十分に考えないで決断したり行動するさま。

＊もう一人前の大人なんだから、軽々しい振る舞いは慎みなさい。

うかうか

気がゆるんで、ぼんやりしているさま。目的もなく、注意が散漫である。

＊強力な対立候補が大勢いる今度の選挙は、うかうかしていられない。

浮《うわ》つく

言葉や態度が軽々しくて薄い感じがする。落ち着きがなく不安定である。

＊恋人との旅行に気持ちが浮ついて、景色を堪能する余裕すらない。

底《そこ》が浅《あさ》い

物事の内容や人の器量に深みがない。奥行きがなく、たかがしれている。

＊彼は、人はいいけれど底が浅い人間だとわかり、彼女は興ざめした。

後《あと》先《さき》見《み》ず

言動や行動が前後にどんな影響を与えるか考えず、無分別にふるまうこと。

＊予算というものは、湯水のように後先見ずに使うものではない。

そそっかしい

落ち着きがなく、不注意で失敗が多い。考えが不十分で、軽はずみである。

＊そそっかしい弟は、家族で出かけるといつも何か問題を起こした。

古語表現

❖淡《あは》つけし
軽々しい。軽はずみだ。

❖軽々《かろがろ》し
軽率だ。軽薄だ。

❖不束《ふつつか》
軽率だ。至らない。

性格・性質のことば

図々しい

ずうずうしい

厚《あつ》かましい

言葉や態度に遠慮がなく、他人に迷惑をかけているさま。慎みがない様子。

＊訪問営業に来た男性は、厚かましく玄関に入ってきた。

烏滸《おこ》がましい

分不相応で差し出がましい態度。立場にそぐわない振る舞い。

＊自分がそのような評価をいただくのは烏滸がましいことだ。

身《み》の程《ほど》知《し》らず

自分の立場や能力にふさわしくない振る舞いをすること。弁えない態度。

＊若いころは、身の程知らずの挑戦を繰り返したものだ。

心《しん》臓《ぞう》に毛《け》が生《は》えている

非常に厚かましく、恥を知らないことのたとえ。メンタルが強いさま。

＊猛反論されてもビクともしないとは、彼は心臓に毛が生えているね。

面《つら》の皮《かわ》が厚《あつ》い

悪いことや恥知らずなことをしても、まったく意に介さない様子。

＊裏切っておいて、そのうえ借金まで申し出るとは面の皮が厚すぎる。

洒《しゃ》落《ら》臭《くさ》い

小生意気な態度をさす言葉。悪賢く、手抜かりがない様子が癪にさわること。

＊ケンカした相手に洒落臭いことを言われ、余計に腹が立った。

虫《むし》がいい

他人を考慮せず、自分勝手な都合だけを優先させること。身勝手な振る舞い。

＊商品を使用後に気に入らないので返品したいと言うのは虫がいい話だ。

古語表現

❖面《おも》無《な》し
恥知らず。厚かましい。

❖恥《はぢ》を捨《す》つ
厚かましい。

❖阿《あ》漕《こぎ》
図々しい。厚かましい。

性格・性質のことば

短気

たんき

怒《おこ》りっぽい

気性が荒く、ささいなことにも腹を立てやすい。頭に血が上りやすいこと。

＊あんなに怒りっぽい生徒たちと向きあえる教師は、あなたしかいない。

せっかち

先を急いで落ち着きがなく、ゆとりが持てないこと。また、そのさま。

＊そんなにせっかちになって、事を急ぐ必要はないんじゃないかな。

気《き》短《みじか》

のんびりすることが苦手で、落ち着いていられない。気が早い、せっかち。

＊課長は部下からの報告が少しでも遅れると、不機嫌になる気短な性格だ。

古語表現

❖急《きふ》
短気、せっかちな。

❖心短《こころみじか》し
短気だ。せっかちだ。

❖引《ひ》き切《き》り
せっかちだ。

性格・性質のことば

変わっている

かわっている

物好《ものず》き

他の人はあまり興味を示しそうもない、風変わりなことや人を好むこと。
＊あんなところで暮らしてみたいだなんて、君もつくづく物好きだな。

型破《かたやぶ》り

言動や行いが常識的な型にはまっていない。型通りでなく、風変わりな様子。
＊営業部に配属された型破りな新人は、今後どう化けるか楽しみだ。

風《ふう》変《が》わり

性質や行動などが人と違っていること。様子が変わっていて、異質な感じ。
＊自己主張が強い彼女は、風変わりなドレス姿でパーティ会場に現れた。

気《き》まぐれ

気分がコロコロと変わりやすい。その時々の思いつきで行動すること。
＊彼女の気まぐれな性格に、彼女の恋人は振り回されてばかりいる。

古語表現

❖曲者《くせもの》
変わり者。

❖好《す》き好《ず》きし
物好きだ。

❖癖《くせ》づく
風変わりだ。

性格・性質のことば

さっぱりしている

さっぱりしている

爽《さわ》やか

気分が晴れやかで、すがすがしい様子。すっきりとして気持ちがいい様子。
＊彼は、会えばいつも元気に挨拶してくれる、爽やかな人だ。

潔《いさぎよ》い

汚れがなく、すがすがしい。また、思い切りが良く、さっぱりしていて気持ちがいい。
＊どう説明しても言い訳になってしまうので、潔くあやまることにした。

澄《す》む

迷いや心配事がなくなり、心がすっきりとしている。悪い考えが消え、汚れのない心になる。
＊朝のひんやりとした空気のなかにいると、気持ちが澄んでくるようだ。

からっとする

物事にこだわらず、さっぱりとして、明るく気持ちがいい様子。
＊さっきまでぐずぐず泣いていたのに、もうからっとして遊んでいる。

さばさばする

あっさりしていて、物事に深くこだわったりしない。しつこくなく、さっぱりしている様子。
＊彼女はとてもさばさばしているように見えるが、じつは繊細な一面がある。

五月《さつき》の鯉《こい》の吹《ふ》き流《なが》し

さっぱりとして、心に何のわだかまりもない様子。鯉のぼりは腹が空洞で、何もないことから。
＊彼は五月の鯉の吹き流しで、全く根に持たない。

竹《たけ》を割《わ》ったよう

ひねくれず、さっぱりとした気性を表すたとえ。竹が縦にまっすぐに割れることから。
＊彼は竹を割ったような性格で、卑怯なことは絶対にしないはずだ。

古語表現

❖潔《いさぎよ》し
すがすがしい。清らかだ。

❖際《きは》やか
思い切りが良い。

❖爽《さは》やか
すがすがしい。

性格・性質のことば

冷たい

つめたい〈1〉

木《き》で鼻《はな》をくくる

そっけなくあしらう。無愛想に接する。「くくる」はこするという意味の「こくる」の誤用から。

＊店主が木で鼻をくくるような態度では、店が繁盛するわけがない。

けんもほろろ

頼み事や相談にまったく応じず、冷たくあしらう様子。雉《きじ》の鳴き声が語源という説がある。

＊あなたに貸すお金などないと、けんもほろろに言われてしまった。

すげない

無愛想で、思いやりの気持ちが見られない。薄情で温かみがない。

＊何度すげない態度をとられても、諦めずに声をかけ続ける。

血《ち》も涙《なみだ》もない

人間らしい心の温かさがまったくない。思いやりのかけらもなく、とても残酷。

＊友だちを見捨てるなんて、そんな血も涙もない人とは知らなかった。

そっけない

人に対する関心や、温かい気持ちが感じられない。無愛想で冷たい。

＊久しぶりに会ったというのに、とてもそっけなくてなんだか悲しい。

古語表現

❖つれなし

薄情だ。つれない。

❖冷《つべ》たまし

冷淡だ。冷酷だ。

❖情《なさ》け無《な》し

薄情だ。冷淡だ。

性格・性質のことば

冷たい

つめたい〈2〉

刺々《とげとげ》しい

口調や態度がきつい感じで、意地悪そうなさま。無遠慮で角が立っている。
＊腹が立っていたので、つい刺々しい声で返事をしてしまった。

取《と》り付《つ》く島《しま》もない

頼ってすがろうとしてもまるで相手にされない。「取り付く島」は頼ってすがるところを表す。
＊いくらお願いしても取り付く島もなく、軽くあしらわれるだけだ。

にべもない

無愛想で、思いやる気持ちもない。「にべ」は愛嬌、愛想の意味がある。
＊会いたいと家を訪ねたが、にべもなく追い返されてしまった。

人《ひと》でなし

人情がなく、義理を感じたりもしない、人間らしい温かい気持ちのない人、またその様子。
＊助けを求めている人を放っておくなんて、人でなしのすることだ。

水臭《みずくさ》い

慈しむ気持ちが薄くて、他人行儀である。不親切で、よそよそしい。
＊そんな大事なことを黙っているなんて、水臭いじゃないか。

よそよそしい

心に隔たりがあって、親しみがない。他人同士のようで冷淡である。
＊昨日言い争いをしてしまったからか、朝からやけによそよそしい。

情《なさ》け知《し》らず

人情をわかっておらず、思いやりがないこと。またそのような人。

＊勝つためには手段を選ばない、情け知らずの将軍として有名だ。

古語表現

❖ 辛《つら》し
薄情だ。つれない。

❖ すげなし
冷淡だ。愛想がない

❖ 疎《うと》疎《うと》し
冷淡だ。そっけない。

性格・性質のことば

ひねくれる

ひねくれる

旋毛《つむじ》曲《ま》がり

性質がねじ曲がっていること。またそういう人。旋毛の位置がずれているということから。

＊祖父はちょっと旋毛曲がりなところがあるから、話すのに気をつかう。

臍《へそ》曲《ま》がり

性質や態度がひねくれていて、素直でない人。天邪鬼。またそういう様子。

＊臍曲がりな妹は、本当はうれしいくせにうれしそうにしない。

さがない

ひねくれていて、意地悪。性格が悪くて手に追えないこと。いたずら、やんちゃという意味もある。

＊さがない人がいるために、クラスの雰囲気が悪くなってしまっている。

ねじける

性質がねじ曲がって、まともでない。素直でなく、ひねくれている。

＊何がきっかけで、あんなにねじけた人間になってしまったのだろう。

古語表現

❖ 僻《ひが》僻《ひが》し
ひねくれている。

❖ 拗《ねぢ》けがまし
ひねくれた感じだ。

❖ くねくねし
ひねくれている。

性格・性質のことば

怠ける

なまける

油《あぶら》を売《う》る

用事の途中で無駄話をして怠ける。髪油の行商人が、客と世間話をしながら商売をしたことから。

＊どこで油を売っているのか、買い物からちっとも帰ってこない。

ずぼら

だらしがなく、やるべきことをしっかりやらない。行動や態度がきちんとしていない。ずべら。

＊ずぼらな彼は、郵便が届いていたのに封も開けていなかったらしい。

物臭《ものぐさ》

物事をするのをめんどうくさがること。またそうした人。古くは「ものくさ」と言った。

＊部屋を見れば、彼がどれほど物臭なのか、よくわかると思う。

横《よこ》のものを縦《たて》にもしない

めんどうくさいからと何もしないことのたとえ。

＊横のものを縦にもしないというのに、本当に一人暮らしができるのだろうか。

古語表現

❖打《う》ち怠《おこた》る

怠ける。なおざりにする。

❖野良《のら》

怠けること。怠け者。

❖懈怠《けだい》

怠けること。

性格・性質のことば

誠実《せいじつ》

陰《かげ》日向《ひなた》がない

人が見ていても、見ていなくても言葉や行動が変わらないこと。
＊陰日向がない働き者の彼女は、みんなから頼りにされていた。

裏《うら》表《おもて》がない

表で人に見せる態度と、人に見せない裏での態度や内心に違いがないこと。
＊裏表がない人だから、彼女の言うことは信用できる。

忠実《まめ》

真面目に、真心をもって物事に対すること。勤勉で誠実な様子。本気。
＊長い間、忠実に尽くしてもらって、とても感謝している。

折《お》り目《め》正《ただ》しい

礼儀正しく、態度がきちんとしていること。立ち居振る舞いがしっかりとしている様子。
＊まだ若いのに、とても折り目正しく振る舞っているので驚いた。

古語表現

❖忠実《まめ》やか
真面目だ。誠実だ。

❖実《まこと》し
実直だ。真面目だ。

❖忠実忠実《まめまめ》し
とても真面目だ。

性格・性質のことば

寛大

かんだい

心《こころ》が広《ひろ》い

おおらかで、ゆったりとしている。人の行いや言葉をよく受け入れる。
＊私があれこれわがままを言っても、心の広い彼は笑って許してくれる。

肝《きも》が据《す》わる

落ち着いていて、物事に動じない。めったなことでは驚かない、恐れない。
＊肝の据わった人でないと、ここの責任者はとてもつとまらない。

太《ふと》っ腹《ばら》

小さなことにこだわったりしないこと。おおらかで、人をよく受け入れること。またそのような人。
＊おばあちゃんは、明るく太っ腹な人で、よくみんなの相談に乗っていた。

器《うつわ》が大《おお》きい

人としての能力が十分で、人物が大きい。細かいことを気にせず、受け入れるおおらかさがある。
＊会議のやりとりを見ていて、改めて彼は器が大きい人だと感じた。

古語表現

❖ 広《ひろ》し
心が広い。寛容だ。

❖ 緩《ゆる》ふ
寛大だ。気を許す。

❖ 宥《なだ》む
寛大に扱う。

性格・性質のことば

普通

ふつう

人並《ひとな》み

一般の人と、同じような程度、同じような状態であること。「人並み並み」ともいう。

＊子どもたちには、人並みのことをしてあげたいと思っている。

ありふれる

普通で、どこにでもある。変わったところがない。珍しくない。

＊とてもありふれた名前なので、なかなか覚えてもらえない。

ありきたり

今までどおりで普通にあり、珍しくないこと。「在り来り」と書く。元からあることの意味が転じた。

＊ありきたりのことをしているだけでは、今の状態は改善しない。

月並《つきな》み

新しさがなく、ありふれていること。平凡で、つまらないこと。

＊うまくなぐさめようとしても、月並みな言葉しか出てこない。

古語表現

❖ 直直《なほなほ》し

普通だ。平凡だ。

❖ 並《な》み並《な》み

普通なこと。

❖ 何《なに》と無《な》し

平凡だ。特別でない。

其の2

和のことばと食
―和菓子から捉える―

和菓子の命名は、それぞれの季節に対応してなされます。春では「桜餅」が代表格と言えます。塩漬けにした桜葉の風味が良く、季節の和菓子として知られています。始まりは江戸の桜の名所、向島の隅田川堤にある長命寺の門番が考案したとも言われます。

夏を彩る和菓子と言えば「水無月《みなづき》」でしょう。年中行事の夏越《なごし》の祓《はらえ》等に関わる菓子です。半年の罪・穢《けが》れや残りの無病息災《むびょうそくさい》を祈る夏越の祓の縁起菓子として食されました。

木々の葉が彩り鮮やかになる秋、この季節にも多くの和菓子があります。秋を代表する花は菊でしょうか。九月九日は重陽の節句です。この日は菊の節句とも言われ、菊の花に真綿を薄くかぶせて花の香りと露を吸わせ、それで身を拭うと老いを払い長寿を願うという習慣がありました。和菓子にも菊を意匠にしたものが多く、菓子名も星見草・針切り菊・姫菊・菊の雨などがあります。

最後に新年の和菓子として「花びら餅」を取り上げます。これは梅の花びらに見立てたと言われる和菓子です。ゴボウを茹《ゆ》でて蜜《みつ》漬けにしたものを、白味噌を混ぜた白餡《しろあん》とともに薄い皮で包んだ菓子です。平安時代の宮中では、新年に硬いものを食べて長寿を願う行事、「歯固《はがた》め」が行われていました。花びら餅にゴボウが入っているのはその名残とされています。

行動・動作のことば

笑う

わらう〈1〉

ほおが緩《ゆる》む

うれしくなり、にっこりする。うれしそうにほほえみを浮かべる。口元が緩むさま。
＊彼女のことを考えると、知らず知らずのうちにほおが緩んでしまう。

目《め》を細《ほそ》める

うれしさや、見るもののかわいらしさで、満面にほほえみを浮かべる。「目を細くする」ともいう。
＊よちよちと歩いてくる赤ちゃんの様子を見て、思わず目を細めた。

白《しろ》い歯《は》を見《み》せる

にこっと笑った顔を見せる。相手に心を許し、緊張が解けて笑顔になる。
＊こちらがだれかわかると、白い歯を見せて近づいてきた。

顔《かお》を綻《ほころ》ばせる

うれしい気持ちや、おかしい気持ちを抑えられず、思わずにこにこと笑顔になる。
＊数年ぶりに田舎に帰ると、祖父が顔を綻ばせて出迎えてくれた。

思《おも》い出《だ》し笑《わら》い

前にあった面白おかしい出来事が心によみがえり、思い出してひとりで笑うこと。
＊電車のなかで、思い出し笑いが止まらなくなってしまい、とても困った。

腹《はら》を抱《かか》える

あまりのおかしさに耐えられず、大きな声を出して笑う。大笑いする。
＊あのコンビの漫才は、いつでも腹を抱えるほどおもしろい。

顎《あご》が外《はず》れる

おかしくて大いに笑う様子のたとえ。「顎を外す」ともいう。

＊友だちがおかしな踊りをするので、みんな顎が外れるくらい笑った。

腹《はら》の皮《かわ》が捩《よじ》れる

おかしくてたまらず、笑い転げる。笑いが止まらない様子のたとえ。「腹の皮をよる」ともいう。

＊母のものまねをする姉の姿があまりにおかしくて、腹の皮が捩れた。

古語表現

❖笑《わら》ふ
声を出して笑う。

❖笑《ゑ》む
にこにこする。ほほえむ。

❖笑《ゑ》壺《つぼ》に入《い》る
大笑いする。

行動・動作のことば

笑う

わらう〈2〉

忍《しの》び笑《わら》い

周囲に気づかれないように、声をひそめてそっと笑うこと。

＊だれかが忍び笑いをするのが聞こえて、とても嫌な気分になった。

薄《うす》ら笑《わら》い

かすかに表情を動かして笑う。相手を見下す、または、困惑したような笑い方。薄笑い。

＊対戦相手は薄ら笑いを浮かべながら、こちらを見ている。

せせら笑《わら》う

人をばかにし、軽蔑するように笑う。見下して冷ややかに笑う。あざ笑う。あざけり笑う。

＊こちらが話題についていけないのを、彼は内心せせら笑っているだろう。

高《たか》笑《わら》い

周囲にかまわず、声を高くして笑うこと。大きな声で笑うこと。哄笑。

＊相手の小さなミスを発見すると、勝ち誇ったように高笑いした。

ほくそ笑《え》む

物事がうまくいったと、満足そうにひそかに笑う。「ほくそ」は中国の故事が由来という説もある。

＊まんまと大金を手に入れた犯人は、ひとりほくそ笑んだ。

古語表現

❖ あざ笑《わら》ふ

大声で笑う。高笑い。

❖ 薄《うす》笑《わら》ふ

嘲って笑う。

❖ 笑《ゑ》み栄《さか》ゆ

喜び、にこにこする。

行動・動作のことば

泣く

なく〈1〉

すすり泣《な》く

泣き声を押し殺すようにして、小きざみに鼻をすすりながら泣く。
＊どこからかすすり泣きが聞こえてきて、会場は悲しみにつつまれた。

泣《な》き腫《は》らす

瞼《まぶた》が赤く腫れ上がるほど、激しく、あるいはとても長く泣く。
＊泣き腫らした顔で見られると、こちらまでつらくなってくる。

べそをかく

子どもなどが泣きそうな顔になる。「べそ」は子どもなどの泣き顔。「べそを作る」ともいう。
＊お母さんの姿が見えなくなると、途端にべそをかき始めた。

目《め》が潤《うる》む

目に涙がたまり、溢れ落ちそうになる。泣きそうな顔。涙目になる。
＊平気そうなふりをして話しているけれど、目が潤んでいる。

差《さ》し含《ぐ》む

涙が込み上げてくる。涙がわいてくる。涙ぐむ。「含む」は接尾語。
＊厳しく注意を受けてしまい、なんだか涙が差し含んできた。

熱《あつ》いものが込《こ》み上《あ》げる

感動して涙が出そうになる。胸がいっぱいになって、涙が溢れそうなさま。
＊今までの彼の努力を考えると、熱いものが込み上げてくる。

古語表現

❖打《う》ち泣《な》く
声を上げて泣く。

❖潮《しほ》垂《た》る
涙で袖を濡らす。

❖音《ね》泣《な》く
声を上げて泣く。

行動・動作のことば

泣く

なく〈2〉

鬼《おに》の目《め》にも涙《なみだ》

慈悲の心を持たない人でも、ときには情け深い心が生じて涙を流すことがあるということのたとえ。＊あの厳しい監督が泣くなんて、鬼の目にも涙とはこのことだ。

目頭《めがしら》が熱《あつ》くなる

感動のあまり、涙が溢れそうになる。感動して目に涙が浮かんでくる。＊最後まで諦めずに戦う選手の姿を見て、目頭が熱くなった。

嘘《うそ》泣《な》き

いつわって泣くふりをすること。泣いているまねをすること。空泣き。＊狡猾《こうかつ》な妹はいつも、嘘泣きをして許してもらおうとする。

しゃくり上《あ》げる

急に息を吸い込むようにして泣く。激しく泣いて息が乱れる様子。「しゃくり泣き」ともいう。
＊ひどく叱られたショックで、いつまでもしゃくり上げている。

涙《なみだ》ぐましい

涙が出るほどあわれな様子、また、感心な様子。ひとりでに涙が出てくるようだという意味もある。
＊その犬は、主人の気を引こうと、涙ぐましいほどに尻尾を振っている。

枕《まくら》を濡《ぬ》らす

悲しみやつらさで、寝ながら涙を流す。寝床の中で泣いて悲しむ。
＊留学してしばらくは、ホームシックで枕を濡らす日々を送っていた。

涙《なみだ》に暮《く》れる

涙のために、目がよく見えなくなる。とてもひどく悲しみ泣く。また、泣いて暮らすこと。
＊すっかりだまされ、どうすることもできず涙に暮れるばかりだった。

古語表現

❖打《う》ち時雨《しぐ》る
涙ぐむ。

❖咽《むせ》ぶ
喉につかえたような声で泣く。

❖泣《な》き響《とよ》む
大勢がいっせいに泣く。

行動・動作のことば

思う・考える

おもう・かんがえる〈1〉

思《おも》いやる

人の身の上や気持ちなどを推し量って、労わる。相手を思い、気づかう。また、思いを馳せること。

*迷子の子を思いやって、お母さんが見つかるまで話し相手をした。

思《おも》い込《こ》み

深く信じ込んで疑わないさま。固く決心すること。一つの考えに固執すること。

*自分はダメな人間だという思い込みを捨てないと、先には進めない。

思《おも》い立《た》つ

あることをしようと新しく考えを起こす。考えつき、心を決める。

＊ある日突然思い立って、ノートを買い、日記を書き始めた。

思《おも》いなしか

そうだろうと思っているせいか。それだろうと推し量っているためか。気のせいか。

＊思いなしか、みんなが私にうそをついているような気がしてしまう。

思《おも》い詰《つ》める

ひたすらひとつの事柄だけを考えて悩む。そのことだけを深く考えて思い込む。

＊何かを思い詰めたように、じっと窓の外を見てだまり込んでいた。

思《おも》いを馳《は》せる

遠く離れているもの、隔たっているもののことを思う。離れているものを思いやる。

＊学生時代を過ごした、なつかしいあの街に思いを馳せる。

古語表現

❖思《おも》ひ遣《や》る
遠くの人やものを思う。

❖思《おも》ひなす
思い込む。決め込む。

❖思《おも》ひ及《およ》ぶ
思いつく。思い至る。

行動・動作のことば

思う・考える

おもう・かんがえる〈2〉

惟《おもんみ》る

十分に考えてみる。よくよく考える。「おもいみる」の音が変化した言葉。

＊今までのことを惟ると、確かに自分にも悪いところがあったと思える。

鑑《かんが》みる

先例など基準になるもの、また、ほかと比べ合わせて考える。「かがみる」の音が変化した言葉。

＊今までの実績に鑑みて、今後の契約を話し合っていくべきだ。

思《おも》い過《す》ごす

必要のないことまで考える。余計なことまでいろいろと考え過ぎる。

＊心配のあまり思い過ごしてしまい、なかなか寝つけない。

頭《あたま》を絞《しぼ》る

一生懸命頭を働かせて考える。あれこれと苦心して考える。知恵を絞る。

＊何日も頭を絞って考え出した計画なのだから、うまくいくと信じよう。

物《もの》思《おも》い

物事を深く思うこと。また、あれこれ考えて悩むこと。思い煩うこと。

＊しばらく物思いに沈んでいたが、突然席を立つと部屋を出ていった。

思《おも》いを巡《めぐ》らす

多くの物事に心を配り、あれこれと考える。さまざまに考えを働かせる。

＊この状況からなんとか抜け出したいと思いを巡らすが、無駄だった。

閃《ひらめ》く

突然、考えが頭に浮かぶ。瞬間的に考えが思いつく。また、瞬間的にぴかっとひかる、きらめく。

＊お風呂でのんびりしていたら、不意に素晴らしい考えが閃いた。

古語表現

❖ 慮《おもんばか》り

思慮。十分考えること。

❖ 思《おも》ひ合《あ》はす

考え合わせる。思い当たる。

❖ 物《もの》思《おも》ふ

物思いにふける。

想像する

そうぞうする

思《おも》い描《えが》く

物事の様子、姿、形などを想像する。心中に思い浮かべてみる。

＊今まで自分が思い描いてきた未来とは、ずいぶん違ったものになってしまった。

推《お》し量《はか》る

ある事柄について、すでにわかっている事柄をもとにして、こうだろうと推測する。見当をつける。

＊そのころは、両親の気持ちを推し量ろうともしなかった。

夢《ゆめ》見《み》る

夢や希望に溢れたことを心の中で想像する。実際には存在しない、空想の出来事を思い浮かべる。

＊いつか宇宙旅行に出かけてみたいと夢見る日々を送っている。

目《め》に浮《う》かぶ

実際は見えていない物事の様子が、そこにあるかのように頭の中に再現される。

＊プレゼントを受け取ったときの、喜ぶ顔が目に浮かぶ。

見《み》越《こ》す

これから先のことを推し量る。今後のなりゆきを予測する。

＊こうなることを見越して、準備を進めてきたはずだ。

古語表現

❖推《お》し量《はか》る

想像する。推測する。

❖思《おも》ひ当《あ》つ

推測する。見当をつける。

❖思《おも》ひ流《なが》す

次々に思い浮かべる。

行動・動作のことば

思い通り

おもいどおり

恣《ほしいまま》にする

相手の意思とは無関係に、自分がしたいように振る舞う。自分だけが手に入れ満足する。

＊皇帝は権力を恣にし、支配下の国で、あらゆる欲望を満たした。

思《おも》うがまま

自分の心の思う通りにすること。望みのままにするさま。

＊書道の達人は、思うがままに筆を走らせることができる。

心任《こころまか》せ

思い通りにする。何かにとらわれることなく、心の赴くまま好きなようにすること。

＊学生時代の思い出に、心任せの旅に出ようと思う。

好《す》き勝手《かって》

何にも縛られず、勝手気ままに行動すること。自分の好きなように振る舞うこと。

＊好き勝手に思い切りしゃべったら、気持ちがすっきりした。

怖《こわ》いものなし

怖いと思うものがなく、他人に気を遣わず、好きに行動すること。遠慮のない様子。

＊彼女は大先輩を目の前にしても、度胸があり、怖いものなしだ。

古語表現

❖思《おも》ふ様《さま》

思うがままだ。

❖恣《ほしきまま》

勝手気ままにする。

❖荒《すさ》む

気の向くままにする。

行動・動作のことば

うまくいく

うまくいく

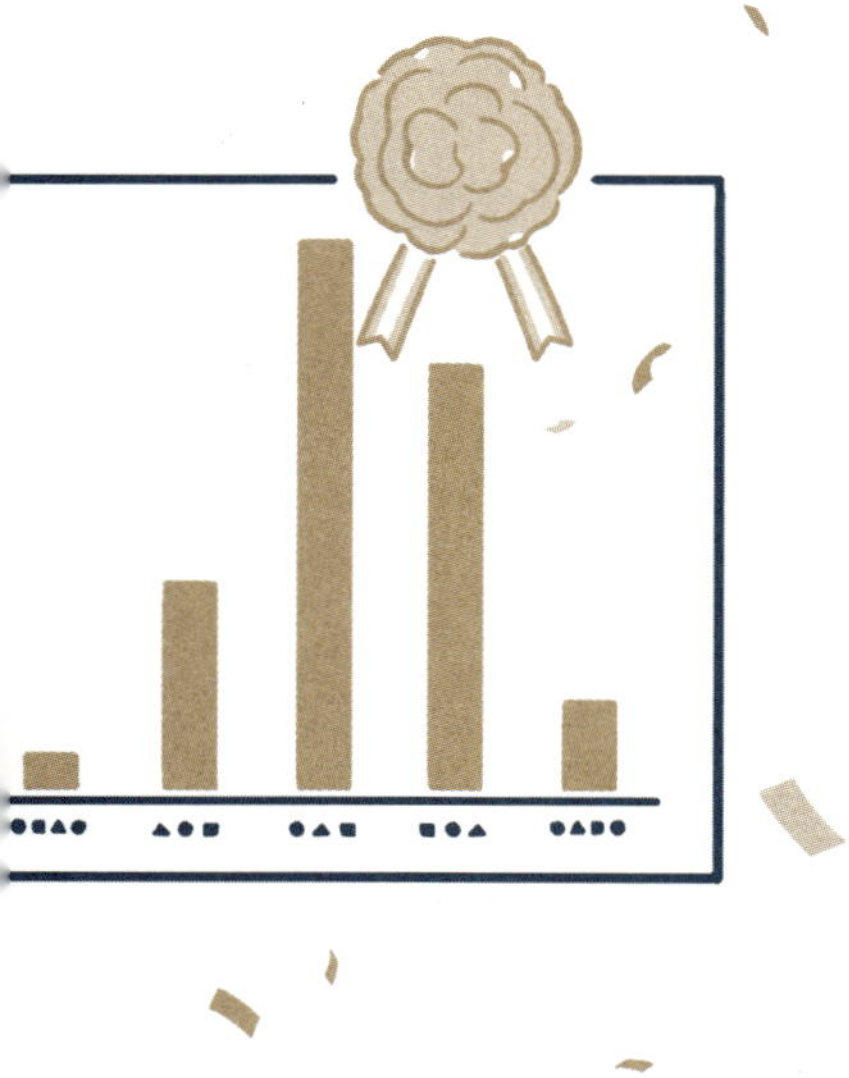

恙《つつが》ない

心配事、問題や事故などがなく、無事に過ごせている様子。問題なく。何事もなく。

＊恙なく過ぎる日常を、ありがたく思う。

筋《すじ》書《が》き通《どお》り

予定していた計画通りに、物事が運ぶこと。心の中で予測した通り、順調に進むこと。狙い通り。

＊私の筋書き通りに、サプライズパーティーが盛り上がった。

滞《とどこお》りなく

物事の進行に差しさわりがないこと。中断することなくスムーズに事が運ぶ様子。

＊式も披露宴も滞りなく進み、みんなに祝福されて喜びでいっぱいだ。

抜《ぬ》かりない

隙や油断、手落ちのない様子。前もって用意周到に準備すること。

＊あの人に任せておけば、万事抜かりなくやってくれるだろう。

追《お》い風《かぜ》

風が船の帆を押してよく進むように、自分にとって有利になるような出来事のたとえ。

＊ワールドカップ優勝が追い風となり、グッズが飛ぶように売れた。

波《なみ》に乗《の》る

そのときの勢いや風潮に、うまく乗ること。勢いづくこと。世の中の調子の良い流れに合うこと。

＊スタートアップ企業は、時代の波に乗ることで、成功するだろう。

捗々《はかばか》しい

仕事や勉強などの物事が望ましい方向へどんどん進む様子。順調なさま。進捗する。

＊新しい取引先との交渉は捗々しく、良い締結を迎えられそうだ。

古語表現

❖ 事《こと》成《な》る
物事が成功する。

❖ 事《こと》行《ゆ》く
物事がうまく運ぶ。

❖ はかばかし
物事が順調に進む。

行動・動作のことば

困る

こまる

倦《あぐ》ねる

あれこれと試しても、何らかの理由で物事が思うようにいかず困惑する様子。手に余る。

＊あれこれ手を尽くしたが問題が解決しないので、私は思い倦ねた。

如何《いかん》ともし難《がた》い

なすすべがなく、対応に困ること。どうにかしたくても、どうにもならない様子。

＊昨今の異常気象は、如何ともし難い状況だ。

手《て》古《こ》摺《ず》る

扱いに手間取ること。もたもたして、スムーズにいかない様子。持て余す。

＊長男の子育ては、慣れないうえに病弱だったので手古摺った。

手《て》を焼《や》く

処置や対策が困難で、手がかかって困ること。

＊数学が苦手なので、統計をまとめることには、手を焼いた。

手《て》に負《お》えない

自分の力量では、扱いきれないこと。扱いに困り果て、ギブアップする状態。

＊機械の故障は、私の手に負えないので業者に依頼した。

手《て》詰《づ》まり

打開策がなくなり、ピンチになった状態。お金の工面や勝負の手が行き詰まること。

＊チームの仕事を頑張ってきたが、ここに来て手詰まりを感じる。

持《も》て余《あま》す

手に余る、多すぎて扱いに困る状態。どうして良いかわからない。

＊夏休みに入ると暇すぎて、時間を持て余してしまった。

古語表現

❖ 困《こう》ず
困る。困惑する。

❖ 為扱《しあつか》ふ
扱いに困る。持て余す。

❖ 術《すべ》無《な》し
どうしようもない。

行動・動作のことば

悩む《なやむ》

頭《あたま》を抱《かか》える

悩ましい事態に遭遇して、どうして良いかわからなくなり、考え込む様子。

＊明日締め切りの原稿が仕上がりそうもなく、頭を抱えてしまった。

思《おも》い煩《わずら》う

あれやこれやと、心配事が心に浮かび悩むこと。悩み過ぎて心が乱される。

＊故郷の両親のことを思い煩い、その日は眠れなかった。

眉《まゆ》を曇《くも》らす

心配や悩み事、または不愉快な思いをしたときなどに、表情が思わず曇ること。

＊酔い過ぎた友人の醜態を前に、私は思わず眉を曇らせた。

板《いた》挟《ばさ》み

相反する二者の間に立ち、身動きがとれずに苦しむ。または、相反する心境で悩むこと。

＊私は言い争いを続けるAとBの間で、板挟みの状態だ。

頭《あたま》が重《おも》い

悩み事などのせいで、気持ちが重く感じられるさま。悩んで気が晴れないこと。

＊私にとって頭が重いことは、ダイエットの成果が表れないことだ。

古語表現

❖ 思《おも》ひ煩《わずら》ふ
悩み苦しむ。

❖ 思《おも》ひ砕《くだ》く
悩んで心を砕く。

❖ 心《こころ》尽《づ》くし
物思いし、悩むこと。

行動・動作のことば

迷う《まよう》

躊躇《ためら》う

あれこれ考えて迷い、決心がつかない。気持ちがまとまらない様子。躊躇する。

＊値札を見て買うのを躊躇っているうちに、ほかの人が買ってしまった。

戸惑《とまど》う

どうするべきか方法がわからず、まごまごする。突然のことで、良い手段が思いつかず困る。

＊慣れないポジションを任されたら、だれでも戸惑うだろう。

尻《しり》込《ご》みする

心がひるんで、ぐずぐずする。怖気づいて、躊躇う。「あとずさる」という意味もある。

＊新しい世界に飛び込むことに尻込みしている場合ではない。

とつおいつ

あれやこれやと迷い決めかねている様子。「取りつ置きつ」が変化した言葉。

＊どうしたものか、とつおいつ考えているうちに、時間が過ぎていった。

二《に》の足《あし》を踏《ふ》む

ためらい、どうしようか迷って物事を進めることができない。二歩目を足踏みするという意味から。

＊前回失敗していることから、新製品の開発には二の足を踏んでいる。

古語表現

❖ 迷《まよ》ふ

迷う。心が決まらない。

❖ 惑《まど》ふ

迷う。心が乱れる。

❖ 暗《くら》し

心に迷いがある。

心《こころ》が揺《ゆ》れる

考えや気持ちがまとまらず、踏ん切りがつかない。また、複数の選択肢に迷い、決められないこと。

＊進学か就職か、どちらを選ぶか心が揺れた。

同情する

どうじょうする

行動・動作のことば

いじらしい

けなげで痛々しく、同情したくなる様子。子どもなど、弱者が力を尽くす様子に多く使われる。

＊寒いなか、外で帰りを待っている姿をいじらしく思った。

幼気《いたいけ》

幼い子どもなどの、いじらしく気の毒に思える様子。幼くてかわいらしいという意味もある。

＊災害で両親と離れ離れになってしまった幼気な兄弟に話を聞いた。

哀《あわ》れみをかける

かわいそうに思い、慈悲を与える。同情して労わってあげる。情けをかける。

＊貧乏だからって、みんなから哀れみをかけられるのはまっぴらだ。

情《なさ》けをかける

同情して助けてやる。労わりの言葉をかけたり、親切にしたりする。

＊あの事件の犯人には、情けをかける必要なんて少しもないと思う。

絆《ほだ》される

相手の思いや情けに引かれて、心や行動の自由が奪われる。

＊彼らの熱意に絆されて、つい援助する約束をしてしまった。

労《いたわ》しい

気の毒で心が痛い。不憫である。大切に思う、心配に思うという意味もある。

＊だれも味方をしてくれるものがいないとは、労しい限りだ。

古語表現

❖痛《いた》まし
かわいそうだ。気の毒だ。

❖労《いた》はし
かわいそうだ。気の毒だ。

❖いとほしがる
かわいそうに思う。

行動・動作のことば

決める・覚悟する

きめる・かくごする

腹《はら》を固《かた》める

覚悟、決心すること。物事をはっきりさせ動じないこと。

＊先が見えない彼との関係を終わらせようと、私は腹を固めた。

踏《ふ》ん切《ぎ》りがつく

思い切って決断すること。ある時点で未練を残さずに割り切ること。

＊やっと踏ん切りがついたので、この家から引っ越すことにした。

折《お》り合《あ》いをつける

意見の相違などがあった場合、互いに歩み寄って物事を解決すること。妥協点を見つける。

＊夫婦生活は、価値観の折り合いをつけることが肝心だ。

白《しろ》黒《くろ》をつける

物事の良し悪し、勝敗、真偽や優劣などに決着をつけること。

＊土地争いの問題は、裁判で白黒をつけることになった。

けりをつける

無駄に長引いている事柄や関係などに、決着をつけて終わらせること。

＊このあたりで仕事にけりをつけて、今日はもう帰ろう。

腹《はら》を括《くく》る

どのような結果でも受け入れる覚悟をする。ひるんだり、動揺したりしないと決めること。

＊相手の決意を聞いて、自分も腹を括った。

ひと思《おも》いに

雑念を振り切って、勢いにまかせて一気に行動するさま。思い切って。

＊伸ばしていた髪を、ひと思いに短くしてみた。

古語表現

❖思《おも》ひ立《た》つ
心を決める。

❖思《おも》ひ取《と》る
決心する。

❖臍《ほぞ》を固《かた》む
覚悟を決める。

行動・動作のことば

覚える

おぼえる

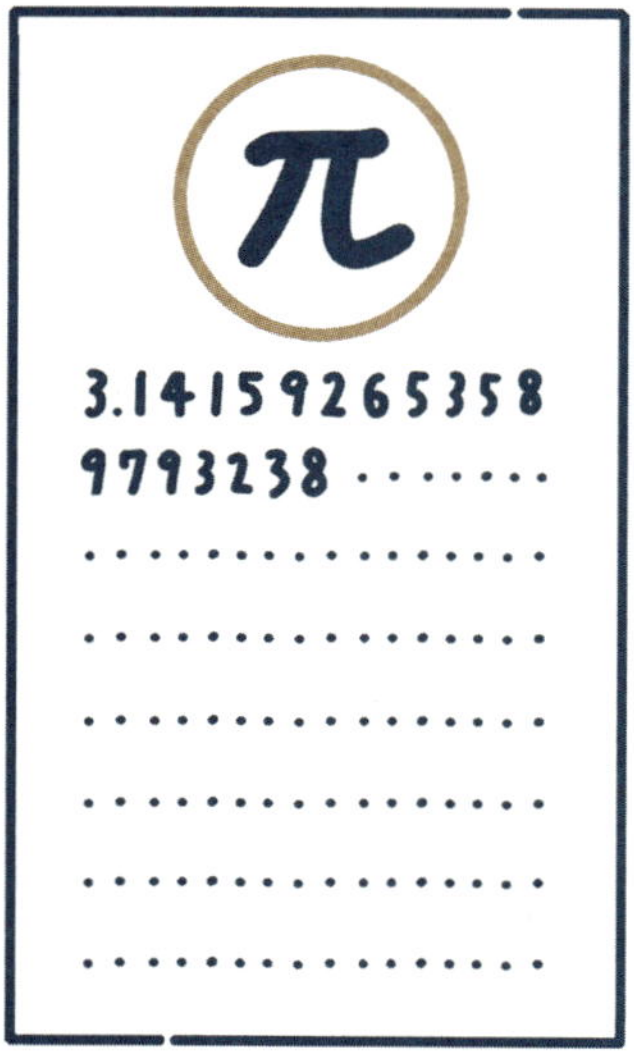

うろ覚《おぼ》え

不確かな記憶。ぼんやりと覚えていること。知識や理解が曖昧な状態。

＊学生時代にあんなに勉強した英語が、今ではうろ覚えだ。

心《こころ》覚《おぼ》え

記憶の中に思い当たること。身に覚えがあること。心当たり。

＊幼なじみに当時の話をされても、まったく心覚えがなかった。

諳《そら》んじる

文章などを見ることなく、記憶だけで言うことができる。暗唱すること。

＊あの長ゼリフを諳んじることができる舞台俳優はすごい。

肝《きも》に銘《めい》じる

その人にとって重要な事柄を忘れないように、心の中に深く記憶し留めること。

＊先輩からの忠告を肝に銘じて、仕事に打ち込もう。

心《こころ》に留《と》める

常に気にかけ、忘れないようにすること。ある事柄について配慮や気配りを怠らないこと。

＊まだ慣れない新入社員のことを心に留めて、作業を行おう。

頭《あたま》におく

頭の隅に覚えておいて、気にかけるように努めること。念頭におく。

＊私のことをいつも頭においてくださる先生に感謝している。

胸《むね》に刻《きざ》む

忘れてはいけないこととして、自分の心に言い聞かせること。

＊尊敬する祖母の遺言を、しっかりと胸に刻んでおこう。

古語表現

❖ 思《おも》ひ留《とど》む
心にとどめ忘れない。

❖ 浮《う》かべ立《た》つ
はっきり記憶する。

❖ 生《なま》覚《おぼ》え
うろ覚え。

行動・動作のことば

忘れる

わすれる

去《さ》る者《もの》は日々《ひび》に疎《うと》し

親しい人でも、距離が離れたり、死別したりすると、記憶が薄らぐこと。

＊去る者は日々に疎しと言うけれど、仕方なくも切ないものだ。

度《ど》忘《わす》れ

すぐに思い出せそうな事柄をふと忘れてしまい、とっさに出てこないこと。

＊知人と出くわしたが、名前を度忘れし、呼び止められなかった。

喉元《のど もと》過《す》ぎれば熱《あつ》さを忘《わす》れる

受けた苦痛や心痛、恩などは、時が過ぎればすぐに忘れることのたとえ。

＊大損しても、喉元過ぎれば熱さを忘れて、また投資したらしい。

憂《う》さ晴《ば》らし

辛さや苦しみなどを紛らわせたり、忘れたりするために行う、気晴らしのこと。

＊フラれた憂さ晴らしに、今日は仲間を集めて飲みにいこう。

人《ひと》の噂《うわさ》も七十五《しちじゅうご》日《にち》

他人に自分のことを噂されても、時が経てば忘れられることのたとえ。

＊人の噂も七十五日だから、その誤解は説明せずに放っておこう。

古語表現

❖ 忘《わす》る
忘れる。

❖ 思《おも》ひ消《け》つ
意識して忘れる。

❖ 思《おも》ひ休《やす》む
思い出さなくなる。

行動・動作のことば

思い出す

おもいだす

振《ふ》り返《かえ》る

過去にさかのぼり、思い返すこと。記憶をたどる。顧みる。

＊半生を振り返ると、苦労もあったが楽しいことが多かった。

懐《なつ》かしむ

昔の良い出来事や人物などを思い出し、心が引かれる様子。

＊頻繁に通った店を久しぶりに訪れ、若いころを懐かしんだ。

顧《かえり》みる

過ぎたことを振り返って思い出すこと。または、心に留め、気にかけること。

＊日記のページをめくりながら、これまでの自分の歩みを顧みた。

偲《しの》ぶ

過去の物事、離れた人や場所について思いを巡らせて、懐かしむこと。

＊命日は、故人を偲んでささやかな法要を営むことにした。

呼《よ》び起《お》こす

内に眠っていた感情や能力、または、忘れていた記憶などが心によみがえる。目を覚ます。

＊それは、忘れていた過去を呼び起こす衝撃的な出来事だった。

古語表現

❖ 思《おも》ひ出《い》づ

過去を思い出す。

❖ 打《う》ち偲《しの》ぶ

昔を懐かしむ。

❖ 覚《おぼ》ゆ

思い出される。

行動・動作のことば

話す

はなす〈1〉

軽《かる》口《くち》を叩《たた》く

深く考えず、軽率に畳みかけて話す様子。何でもむやみにしゃべること。

＊軽口を叩く彼に付き合って、無駄な時間を過ごしてしまった。

言《い》い淀《よど》む

話の途中で言葉が詰まって、すらすらと出て来なくなること。話しながらためらう様子。

＊友人は生い立ちを話す中で、父親のことを聞かれると、急に言い淀んだ。

しどろもどろ

話の筋が乱れ、混乱している様子。発言中に動揺したり、戸惑ったりする様子を表す。

＊急に説明を求められた彼女は、しどろもどろになり下を向いた。

こぼす

胸に収まりきらない愚痴や不平不満などを、意図せず、つい他人に話してしまうこと。

＊友人は、私がこぼす職場の不満を親身になって聞いてくれた。

ごねる

ぐずぐずと文句を並べ立てて、相手の言うことに納得せず、話を引き延ばすさま。

＊お客にごねられて、最後には値引きに応じてしまった。

説《と》き伏《ふ》せる

巧みに説明し、相手を納得させる。よく話し合い、相手に従わせる。言い負かす。

＊頑固者の祖父を説き伏せるとは、果たしてどんな手を使ったのだろう。

寿《ことほ》ぐ

慶事などで、お祝いや喜びの言葉を述べること。「言祝ぐ」とも書く。

＊ご結婚を寿ぎ、僭越ながら一言ご挨拶をいたします。

古語表現

❖ 物言《ものい》ふ

話をする。

❖ 言《い》ひかかづらふ

言いにくそうにする。

❖ 言《い》ひ趣《おもむ》く

説得する。

話す

はなす〈2〉

行動・動作のことば

口《くち》幅《はば》ったい

身の程を弁えずに、偉そうなことを言うさま。生意気な様子。

＊今年の新人は手を動かさずに口幅ったいことばかり言う。

口《くち》が過《す》ぎる

本来、口を出すべきではないことまで言い過ぎること。余計な口出し。

＊会議で他部署のことまで意見するのは、口が過ぎると思う。

冷《ひ》やかす

相手が恥ずかしがるような冗談などを言って、相手をからかうこと。

＊夫婦の仲の良さを冷やかすと、二人は照れながら笑い合った。

毒《どく》を吐《は》く

耳触りの悪い言葉や相手への嫌味などを、好き放題に言うこと。「毒づく」とも言う。

＊酔いにまかせて、相手に毒を吐いてしまったのは失態だった。

大口《おおぐち》を叩《たた》く

偉そうに大きなことを言う。身の丈に合わないことを大げさに言うさま。

＊あのように大口を叩いたら、のちに困るのは自分だろう。

嘯《うそぶ》く

尊大に、しかも自信ありげに大きなことを言うさま。偉そうに豪語する態度。

＊実力も伴わないのに彼は自ら「会社は俺が引き継ぐ」と嘯いた。

口《くち》から出《で》まかせ

思いつくままに、でたらめを言うこと。いい加減なことばかりを並べること。

＊ネット上には、口から出まかせばかりの情報が溢れている。

古語表現

❖ 言《い》ひ辱《はづかし》む
何かを言ってからかう。

❖ 舌長《したなが》し
言い過ぎだ。

❖ 口《くち》を利《き》く
口が達者だ。

行動・動作のことば

話す

はなす〈3〉

立《た》て板《いた》に水《みず》

立てた板に水を流したように止まることなく、すらすらと、よどみなく話す様子。

＊好きな話題になると、彼は立て板に水のごとくしゃべり続けた。

舌《した》が回《まわ》る

ペラペラとなめらかにしゃべるさま。滑舌が良いこと。

＊元来、舌が回る私はプレゼンテーションでその能力を存分に発揮した。

掛《か》け合《あ》う

こちらの要望や要求を話すための交渉。相談すること。

＊契約の条件を呑んでもらえるか、先方に掛け合ってみる。

捲《まく》し立《た》てる

相手に反論の余地を与えないほど続けざまに激しく、言い立てること。

＊頭に血がのぼった彼は、一方的に捲し立てて相手を困惑させた。

渡《わた》りをつける

物事の話し合いをつけたり、関係を結ぶこと。橋渡しをする。

＊もめ事の解決をするため、課長が渡りをつけてくれた。

古語表現

❖言《い》ひ破《やぶ》る
言い負かす。悪口を言う。

❖口軽《くちがる》し
おしゃべりだ。

❖論《あげつら》ふ
是非などを話し合う。

行動・動作のことば

叫ぶ

さけぶ

がなり立《た》てる

騒ぎ立てて大声を出すこと。辺りかまわず、喚《わめ》き散らす様子。

＊アパートの隣人に、音楽がうるさいと、がなり立てられた。

猛《たけ》り狂《くる》う

興奮して怒り狂ったように叫んだり、暴れたりする様子。激高する。

＊猛り狂ったデモの群衆は、罵詈雑言《ばりぞうごん》を吐いて警察隊を威嚇《いかく》した。

金切《かなき》り声《ごえ》を上《あ》げる

驚きや恐怖を感じたとき、甲高く耳をつんざくような声を張り上げること。

＊彼女は道端を這う毛虫を見るなり、金切り声を上げた。

吠《ほ》える

大声で喚《わめ》いたり、感情にまかせて怒鳴ったりすること。

＊討論は次第にヒートアップしていき、互いに吠える展開になった。

喚《わめ》き散《ち》らす

周囲を気にせず大きな声を出して騒ぐさま。声を張り上げて興奮状態になる様子。

＊うっぷんがたまっていた先輩は、上司を前に喚き散らした。

かしましい

ワイワイ、ガヤガヤと騒がしく耳障りなこと。うるさくやかましいさま。

＊女子が複数集まれば、おしゃべりに花が咲いてかしましい。

けたたましい

周囲の人が驚くほどの大きな声や音がする様子。騒々しく慌ただしいさま。

＊けたたましくサイレンを鳴らし、救急車が通り過ぎた。

古語表現

❖ 喚《をめ》く

大声で叫ぶ。

❖ 言《い》ひ散《ち》らす

喚き散らす。

❖ 叫《あめ》く

叫ぶ。大声を出す。

其の3

和のことばの変化
―意味変化から捉える―

現代のことばと古典の世界のことばとの中で、語形は変わらないのに意味が変化しているものがあります。時代と共にことばの意味も変化していることの一端を見てみようと思います。

秋来《き》ぬと目にはさやかに見えねども風の音《おと》にぞおどろかれぬる（古今集）

「もの申《まう》し候《さぶら》はむ。おどろかせ給《たま》へ」（宇治拾遺物語）

前者は「秋が来たと目にははっきり見えないけれども、風の音に（もう秋なのだと）はっと気付いたのだ」、後者は「もしもし。目を醒まし下さい」という意味です。「おどろく」は、現代語では前者の気付く・驚くの意味で使うのが一般的なことばですが、後者のように目が覚めるの意味でも用いられました。

「おどろく」は「はっとする」という前者が中心的な意味で、眠っていてはっと気付くことから、目覚めるというふうに意味が広がりました。複数の意味で使われながら、やがてどちらかの意味に固定していったようです。

類似した例として「念《ねん》じる」があります。このことばは「念じて寝たるほどに」（宇治拾遺物語）、「一心不乱に聖母に念じた」（有島武郎）等と使われます。前者は我慢する、後者は祈る・経文を唱えるという意味です。現代語では後者の使い方が中心で、「我慢する」という意味で使うことはほとんどありません。いくつかの意味を持つことばが、一つの意味に絞られていく現象は和のことばにはよく見られる現象です。意味の変化は現在進行形なのです。

其の4

和のことばの美しさ
—毛筆の文字から捉える—

「和のことば」は平仮名で書く場合に、文字としての美しさが表れます。平仮名は漢字やカタカナと比べて多くの曲線によって構成されています。そうした和のことばの視覚的な美しさは、文字の連綿（続け書き）に見られます。一例として『古今集』の和歌を紹介します。

袖《そで》漬《ひ》ちて結《むす》びし水の氷《こほ》れるを春《はる》立《た》つ今日《けふ》の風やとくらむ（紀貫之《きのつらゆき》）

立春の日に詠まれた歌です。漢字仮名交じりで書けば、このようになるのですが、これを毛筆の連綿で書くと下の図版のようになります。和歌では和語を用いることが基本ですから、「立春」を「春立つ」と表現します。

高野切第一種　伝 紀貫之筆

和歌はほぼ平仮名で上から下に流れるように書かれます。こうした書き方を可能にしたのは、多くの曲線で構成される平仮名で書かれているからなのでしょう。このような作品を通して平仮名の美しさを追体験してみることも「和のことば」を身近に感じるきっかけ作りになるでしょう。現在でも和の言葉を平仮名で書くことで、優しさや温かさを伝えたり表現したりできます。

行動・動作のことば

戒める

いましめる

窘《たしな》める

良くない言動や行いに対して気をつけるように教え、反省をうながす。

＊しつけに厳しい両親は、他人の前で私を窘めることも少なくなかった。

諫《いさ》める

人の過ちや良くない点を指摘し、改めるように諭すこと。諫言《かんげん》する。

＊この国をダメにする為政者を諫めるには、国民の団結が必要だ。

手《た》綱《づな》を締《し》める

手綱を引き絞って馬を操るように、他人の言動や行いを抑制すること。

＊夫の手綱を締めることに成功し、妻は夫の深酒に悩まされなくなった。

諭《さと》す

物事の道理を、相手が納得できるようによく言い聞かせて飲み込ませる。

＊愚行を繰り返す息子に、心を入れ替えるように涙して諭す父であった。

古語表現

❖ 恥《は》ぢしむ

厳しく言う。戒める。

❖ 説《と》く

よく説明する。諭す。

❖ 言《い》ひ入《い》る

良く言って聞かせる。

行動・動作のことば

責める

せめる

言葉尻《ことばじり》を捉《とら》える

相手の言い損ないや失言につけ入り、なじったり皮肉を言ったりする。
＊何かにつけて言葉尻を捉えるあの人との会話は、険悪になりがちだ。

詰《なじ》る

相手の過失や悪い点などを、大袈裟に取り立てて問い詰め責めること。
＊部下の危機管理不足を厳しく詰る部長の顔は、ひどく険しい表情だった。

槍玉《やりだま》に上《あ》げる

特定の誰かを非難、攻撃の目標などにして、ことさらに責め立てる。
＊不正を犯した議員を槍玉に上げることで、事態を収束しようとした。

見咎《みとが》める

悪事などを目に留めて、それを責める。不審な物事を目にして問いただす。
＊あたりは人気がなく、彼の不可解な行動を見咎める者はいなかった。

古語表現

❖ 咎《とが》む
責める。非難する。

❖ 難付《なんつ》く
非難する。

❖ 苛《さいな》む
失敗を責めて叱る。

行動・動作のことば

見下す・けなす

みくだす・けなす

嘲《あざ》笑《わら》う

相手を愚か者のように扱い、軽んじてせせら笑う。軽蔑を込めて笑う。

＊過去に大きな過ちを犯した私に、他人の失敗を嘲笑う資格はない。

舌《した》を出《だ》す

陰で相手のことをばかにして嘲笑ったり、心の中で悪く思ったりする。

＊彼は従順なふりをしながら、腹の中で舌を出すしたたかな人物だ。

高《たか》を括《くく》る

たいしたことはないと、安易に予測して軽く見る。程度などを見誤る。

＊容易に倒せると高を括っていたが、相手は思いのほか手ごわい。

蔑《ないがし》ろにする

人や物があってもないかのようにあなどる。存在を無視して軽んじる。

＊孝を唱える儒教の教えでは、親を蔑ろにすることは許されない。

見《み》縊《くび》る

能力や価値を、実際よりも甘く見てあなどる。軽んじてばかにする。

＊年下だと思ってのんきに構えて見縊ると、痛い目を見るぞ。

舐《な》める

小ばかにして甘く見る。高を括って軽んじる。軽視する。見縊る。

＊誰にでもできる簡単な仕事だからといって、絶対に舐めるなよ。

古語表現

❖見貶《みおと》す
ばかにする。見下す。
❖思《おも》ひ腐《くた》す
見下す。さげすむ。
❖軽《かろ》む
相手を軽く見る。

褒める

ほめる

煽《おだ》てる

うれしがることを言って、得意にさせる。ことさらに褒めて煽《あお》り立てる。＊単純な夫は、ちょっと煽てるだけで何でもいうことを聞いてくれる。

持《も》ち上《あ》げる

褒め上げて煽てる。実際以上の言葉を並べ立てて、得意がらせる。＊堅物の部長を持ち上げるのは、部長の扱いに慣れた課長の役目だった。

褒《ほ》めちぎる

これ以上はないというほど称える。ありったけの言葉を使って絶賛する。＊両親が褒めちぎる見合い相手に会ってみたが、好感がもてなかった。

もて囃《はや》す

多くの人が声をそろえて褒めそやす。口々に取り立てて盛んに褒める。＊今注目の若手実業家とあって、飲み会ではみんなが彼をもて囃した。

天晴《あっぱ》れ

賞賛する気持ちを表すときに発する言葉。素晴らしい。見事である。
＊あの険しい山道を越えて攻めてくるとは、敵ながら天晴れだ。

謳《うた》われる

多くの人から口をそろえて褒め称えられる。大勢の人の間で評判になる。
＊学校創設以来の秀才と謳われる先輩は、将来を嘱望されている。

称《たた》える

賞賛する。声に出して盛んに褒め上げる。声を立てて大いに褒める。
＊チームの健闘を称える人々の歓声が、会場に大きく響きわたった。

古語表現

❖誉《ほ》め喧《ののし》る
盛んに褒める。

❖言《い》ひ囃《はや》す
おだてる。褒めそやす。

❖愛《め》づ
褒める。賞賛する。

行動・動作のことば

媚びる

こびる

お愛想《あいそ》を言《い》う

相手の気を引くための御世辞を言う。人が喜ぶような言葉をかけること。

＊誰にでもお愛想を言うしたたかな商魂で、女将は店を大きくした。

お髭《ひげ》の塵《ちり》を払《はら》う

自分よりも位の高い人や権力のある人に、おべっかを使い機嫌をとる。

＊いくら仕事のためとはいえ、いつまで役人のお髭の塵を払うのですか。

色目《いろめ》を使《つか》う

何か下心をもって他人の気を引こうとする。また、そのような態度をとる。

＊色目を使って自分を売り込んでも、実力がなければ売れるわけがない。

尾《お》を振《ふ》る

権力や財力のある人に気に入られようと、しっぽを振ってこびへつらう。

＊上役に尾を振る課長は、派閥に加わりたいという下心が見え見えだ。

下手《したて》に出《で》る

自分を卑下したり、へりくだったりした態度で相手に対して接する。下に出る。

＊あいつは弱い者には上《うわ》手《て》に出て、強い者には下手に出るずる賢いやつだ。

媚《こ》び諂《へつら》う

お世辞を言ったり機嫌を取ったりして、相手に気に入られるように振る舞う。

＊いくら力を持っているとはいえ、そこまで彼に媚び諂うことはない。

胡麻《ごま》をする

自分の利益のために、他人にへつらってお世辞を言ったりおべっかを使ったりする。

＊部長が常務に胡麻をするのは、次の役員選考で推薦を受けたいからだよ。

古語表現

❖阿《おもね》る
へつらう。追従する。

❖媚《こ》ぶ
媚びる。へつらう。

❖追従《ついしょう》
媚びへつらうこと。

行動・動作のことば

元気づける

げんきづける

尻《しり》を叩《たた》く

激励したり力づけて、やる気が起きるようにしてやる。奮い立たせる。

＊厳しい練習を乗り越えて勝利を掴《つか》み取るために、選手たちの尻を叩く。

力《ちから》づける

激励し、元気づけること。応援したり、勢いづけたりして相手を奮い立たせる。

＊弱音を吐く友人のためにみんなで寄せ書きをして力づけた。

背《せ》中《なか》を押《お》す

動き出せるようにエールを送り、勇気づける。励まし、一歩を手助けする。

＊大きなチャンスを前に、決心がつかず悩んでいた同僚の背中を押す。

古語表現

❖ 励《はげ》ます

奮い立たせる。

❖ 心《こころ》を起《お》こす

心を奮い起こす。

❖ 思《おも》ひ起《お》こす

心を奮い立たせる。

圧倒される

あっとうされる

呑《の》まれる

相手の態度やその場の雰囲気などに威圧されて、力が出せなくなる。

＊アウェイで行われる試合でも、会場の雰囲気には絶対に呑まれるな。

気《け》圧《お》される

相手の勢いに押されて気後れする。気迫に圧倒されて気分が萎える。

＊戦う前から兵士の数に気圧されるようでは、この戦に勝ち目はない。

顔《かお》負《ま》け

相手の技量や態度などに気圧されて、面目を失う。きまりが悪くなること。

＊鋭い頭脳のあの子は、大人も顔負けの確かな判断力を持っている。

たじたじ

相手に圧倒されておどおどしたり、尻込みをしたりするさま。たじろぐ。

＊記者からの鋭い質問に、会見に挑んだ経営陣がたじたじになる。

古語表現

❖ 気《け》圧《お》さる
圧倒される。

❖ 負《ま》く
勢いに押し負ける。

❖ 心《こころ》後《おく》れ
気後れする。

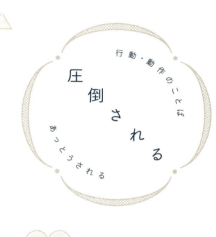

行動・動作のことば

敬う

うやまう

尊《とうと》ぶ

品位が高い優れたものとして、崇め敬う。重んじて大切に扱う。「たっとぶ」とも読む。

＊あらゆる生き物の命を尊ぶ彼女は、動物愛護活動に力を注いでいる。

仰《あお》ぐ

敬うべき存在として大切にする。目上の人などに対して、尊敬の念を抱く。

＊彼らがカリスマとして仰ぐ先輩は、大学在学中に起業して大成功した。

崇《あが》める

一段高いものとして崇敬する。きわめて尊いものとして、高い敬意を払う。

＊さまざまな伝説を生んだ菅原道真公は、「天神さま」と崇められている。

頭《あたま》が下《さ》がる

心から感心して尊敬の念を抱く。深く感心して自然に敬服させられる。

＊子育てをしながら働いて、親の面倒もみる彼女には頭が下がる思いだ。

立《た》てる

自分より優れたものとして相手を尊重し、一歩引いて敬意を払う。

＊どんなときでも夫を立てる彼女は、妻の鑑のようなよくできた女性だ。

重《おも》んずる

価値のあるものとして丁重に扱い、尊ぶ。重きを置いて、大切にする。

＊礼節を重んずる日本人の国民性は、世界中から賞賛されている。

恭《うやうや》しい

相手を敬い、つつましく行動するさま。敬意を払った礼儀正しい振る舞い。

＊国賓として宮殿に招かれた皇太子は、国王に恭しくおじぎをした。

古語表現

❖ 尊《たふと》ぶ

尊敬する。尊重する。

❖ 礼《ゐや》礼《ゐや》し

礼儀正しい。

❖ 崇《あが》む

敬い大切にする。

行動・動作のことば

聞く《きく》

小耳《こみみ》に挟《はさ》む

うわさや何かの話などを、聞くともなしにちらっと聞く。偶然にふと耳にする。

＊私に対する悪意のあるうわさを小耳に挟み、気分が落ち込んだ。

耳《みみ》が痛《いた》い

相手の言うことが自分の弱点や欠点をついていて、聞くのがつらい。

＊私の食生活を知った後輩からメタボの心配をされて、耳が痛い。

耳《みみ》をそばだてる

音や人の声などを聞き逃さないように、耳に注意を集中する。よく聞こうと耳を澄ます。

＊隣の部屋からかすかに聞こえてくる歌声に、思わず耳をそばだてた。

聞《き》く耳《みみ》を持《も》たない

相手の言葉や意見を聞こうとする気持ちがまったくない様子。人の話を一切受け付けない。

＊常務が社長を説得しようとしたが、まったく聞く耳を持たない。

耳《みみ》を貸《か》す

他人の言うことや意見を聞こうとする。耳を傾けて、相手の相談に乗る。

＊友人の忠告に耳を貸さず、彼は怪しい投資に手を出しているらしい。

耳《みみ》が早《はや》い

他の人よりもうわさなどを聞きつけるのが早い。いち早く情報を聞いて知っている。耳聡《ざと》い。

＊耳が早い先輩は、顧客とのトラブルについてすでに知っているようだ。

聞《き》き入《い》れる

相手の希望や要求を聞いて受け入れ、言うとおりにする。承知する。心に留めて聞くこともいう。

＊患者とその家族の願いを聞き入れ、一時帰宅を許可した。

古語表現

❖ 耳《みみ》立《た》つ

聞き耳を立てる。

❖ 耳《みみ》旧《ふ》る

聞き慣れる。

❖ 漏《も》り聞《き》く

うわさなどを漏れ聞く。

行動・動作のことば

感謝する

かんしゃする

足《あし》を向《む》けて寝《ね》られない

恩を受けた人に対して、感謝や尊敬の気持ちを伝えたいときに用いる表現。

＊就職先をお世話してもらった教授には、足を向けて寝られない。

忝《かたじけな》い

人から受けた親切などに対して、ありがたい気持ちでいっぱいなさま。

＊身内にまで過分なるご配慮をいただき、誠に忝いことでございます。

有《あり》難《がた》い

人の好意や助力などに対して、めったにないことであると感謝するさま。

＊わざわざ市長自らお越しいただけるとは、大変有難い限りです。

おかげさま

人の好意や相手から受けた親切などに対して、感謝の気持ちを表す言葉。

＊土地の方にご案内いただき、おかげさまで調査がはかどりました。

古語表現

❖忝《かたじけな》し
ありがたい。

❖畏《かしこ》まり
お礼。感謝の言葉。

❖随喜《ずいき》
深く感謝すること。

行動・動作のことば

謝る

あやまる

頭《あたま》を下《さ》げる

自分の非などに関して、首を垂れて相手に許しを願う。屈伏する。詫びる。

＊職人気質で頑固な父は、簡単に人に頭を下げることを良しとしない。

平《ひら》謝《あやま》り

平身低頭して、ひたすら謝ること。恐れ入り、一心に詫びる。

＊お客様の怒りをおさめるためには、責任者の私が平謝りするしかない。

詫《わ》びを入《い》れる

悪かったと思って、相手に謝罪を申し入れる。詫び言を伝える。

＊今回の不祥事については、関係各所に丁寧に詫びを入れる必要がある。

許《ゆる》しを請《こ》う

自分の過失や無礼などをわびて、勘弁してもらえるように願い出ること。

＊君がどんなに許しを請うたとしても、それで済まされることではない。

古語表現

❖ 罪《つみ》去《さ》る
謝罪する。

❖ 畏《かしこ》まる
謝る。身を正す。

❖ 詫《わ》び事《こと》
謝ること。

行動・動作のことば

慌てる

あわてる

あたふたする

ひどく慌て騒いで物事に当たる。慌ただしく、大急ぎで何かをするさま。
＊期限が迫っているからといって、そこまであたふたすることはない。

狼狽《うろた》える

不意を突かれたりして、慌てふためく。驚いてとまどい、取り乱すさま。
＊いつも冷静な彼女が、あれほど狼狽えるとは思ってもみなかった。

まごつく

どうしていいかわからずに、まごまごする。当惑して狼狽える様子。
＊事前に手順をしっかり頭に叩き込んでおかないと、本番でまごつくぞ。

古語表現

❖ 慌《あわ》つ
慌てる。

❖ 惑《まど》ふ
慌てふためく。

❖ 狼狽《うろた》ふ
慌てる。狼狽える。

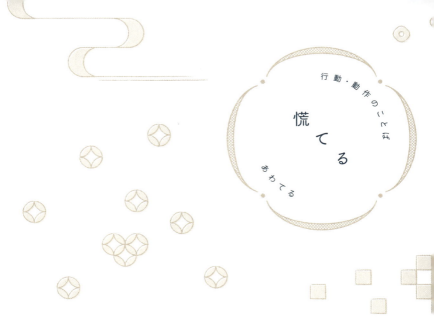

行動・動作のことば

忙しい

いそがしい

目《め》を回《まわ》す

非常に忙しくて、慌てふためく。目がくらむほど、忙しい思いをする。
＊急なスケジュール変更が重なり、今日は目を回すほど忙しかった。

てんてこ舞《ま》い

あることの対処や準備のためなどに追われ、慌ただしく立ち働くこと。
＊今日は朝から予定がびっしり詰まって、てんてこ舞いの一日だった。

忙《せわ》しない

忙しくて休む暇もないほど、せかせかしている。気がせいて、余裕がない。
＊いつものことだが、決算前のこの時期の社内は本当に忙しない。

猫《ねこ》の手《て》も借《か》りたい

どんな手伝いでも欲しいと望むほど、人手が不足して忙しいことのたとえ。
＊こっちは猫の手も借りたいくらいだから、そっちに人を回す余裕はない。

古語表現

❖騒《さわ》がし
忙しい。立て込む。

❖紛《まぎ》らはし
忙しい。取り紛れる。

❖忙《いそが》はし
忙しそうだ。

行動・動作のことば

落ち着かない《おちつかない》

気《き》も漫《そぞ》ろ

他のことに気が取られて落ち着かない様子。何となく心が浮ついて、そわそわする。

＊両家の顔合わせを前に、気も漫ろで仕事が手につかない。

気《き》が気《き》でない

ひどく気がかりなことがあって落ち着いていられないさま。良くない事態を想像してハラハラする。

＊何度かけても電話がつながらず、母の顔を見るまで気が気でなかった。

心《こころ》がざわめく

不安などから動揺したり落ち着かなくなったりするさま。心がざわざわする。

＊あの二人が、今一緒にいるのではと思うと心がざわめいた。

上《うわ》の空《そら》

他のことに心が奪われて、その場のことに注意が向いていないこと。心がここにない様子。

＊彼女に言われたことが気になって、授業中ずっと上の空だった。

心《こころ》ここに有《あ》らず

他のことに心がとらわれていて、目の前のことに集中できない様子。ぼんやりしている。

＊会社で何かあったのか、話かけても心ここに有らずという感じだ。

浮《う》き足《あし》立《だ》つ

不安や恐れなどで落ち着きがなくなり、逃げ腰になる。浮かれた気持ちでそわそわすることもいう。

＊早朝から鳴り響く気象警報に、村人たちは浮き足立った。

色《いろ》めき立《た》つ

緊張や興奮などがみなぎって、落ち着かなくなる。高揚してざわつく。動揺し始める。

＊容疑者の男の目撃情報が入り、捜査員たちは色めき立った。

古語表現

❖ 憧《あくが》れ惑《まど》ふ

落ち着きがなくなる。

❖ 漫《すず》ろく

そわそわする。

❖ 足《あし》を空《そら》

心が落ち着かない。

疲れる

つかれる

行動・動作のことば

顎《あご》を出《だ》す

ひどく疲れて、下顎が前に出るような弱り果てた様子。へたばる。どうにもならない状態。
＊先輩から地獄の特訓を受けた新入部員たちは、次々と顎を出していった。

肩《かた》で息《いき》をする

激しい運動をして、肩を上下させながらはあはあと苦しそうに呼吸をする。荒い息をする。
＊教室に飛び込んできたあいつは、肩で息をしながら胸倉をつかんできた。

ばてる

すっかり疲れて体力が尽きる。疲れ切ってぐったりと動けなくなる。「果てる」からきているという。
＊はりきって部屋の片づけを始めたが、物が多くて早々にばててしまった。

膝《ひざ》が笑《わら》う

急な斜面を下ったときなど、足が疲れて膝が笑っているかのようにがくがくする。
＊お寺の長い階段を一気に駆け下りたら、膝が笑って大変だった。

へばる

疲れ果てて、体力も気力もなくなる。へとへとになって動けなくなる。へたばる。
＊連日の猛暑日で、部屋にいるだけなのにへばってしまう。

気《き》骨《ぼね》が折《お》れる

周囲や相手にいろいろと気を使いすぎて、気疲れする。精神的に疲れる。気苦労が多い。
＊新居は気に入っているが、如何《いかん》せんご近所づきあいは気骨が折れる。

草臥《くたび》れる

長い時間、体や頭、精神を使いすぎて元気や勢いがなくなる。疲れ切ってしまう。
＊今日は一日中パソコンに向かっていたので、さすがに草臥れた。

古語表現

❖疲《つか》る
疲れる。

❖困《こう》ず
疲れ切る。

❖弛《たゆ》し
疲れてだるい。

行動・動作のことば

逃げる・避ける

にげる・さける

網《あみ》の目《め》をくぐる

法の規制や捜査網など、網の目のような多くの目を避けて、うまく逃げる。悪事を働くこともいう。

＊緊急配備を敷いたが、容疑者は網の目をくぐって出国してしまった。

躱《かわ》す

ぶつからないよう避ける。上手に身をひるがえして逃れる。追及などから巧みに逃げる。

＊人混みに紛れて尾行を躱すと、待ち合わせの場所まで足早に向かった。

雲《くも》隠《がく》れ

月が雲に隠れるように、人が姿を消すこと。隠れるように逃げて行方をくらますこと。

＊批判が厳しくなると、体調不良を理由に雲隠れしてしまった。

蜘蛛《くも》の子《こ》を散《ち》らす

袋から出た蜘蛛の子が四方八方に散るところから、大勢の人が散り散りになって逃げること。

＊男が刃物を取り出すと、野次馬は蜘蛛の子を散らすように逃げ出した。

世《よ》を忍《しの》ぶ

世間の人の目を逃れて隠れる。世の中に知られないようにする。人目をはばかる。

＊彼のあの破天荒な言動は、世を忍ぶ仮の姿というわけか。

古語表現

❖ **逃《のが》る**
避ける。免れる。

❖ **散《さん》ず**
逃げ去る。

❖ **打《う》ち忍《しの》ぶ**
人目を避ける。

行動・動作のことば

親しむ

したしむ

打《う》ち解《と》ける

警戒心や遠慮がなくなり、親しくなる。心の隔てがなく、気を許して付き合う。

＊初めは緊張していた子どもたちも、遊んでいるうちに打ち解けてきた。

馬《うま》が合《あ》う

馬と乗り手の呼吸が合うことから、気持ちや考えがよく合う。意気投合する。

＊彼女とは馬が合うようで、無口なあいつがよくしゃべっている。

気《き》が置《お》けない

遠慮したり気を使ったりすることなく、気楽に付き合えること。気兼ねしない様子。

＊気が置けないメンバーばかりなので、ミーティングもスムーズだ。

心《こころ》を許《ゆる》す

心の緊張をゆるめて、気を許す。安心して信頼する。注意を怠って油断することもいう。

＊友人の紹介だからと心を許してしまったのが間違いだった。

よしみ

親しい付き合い。何らかの関係や縁でつながった交わり。ゆかり。

＊同郷のよしみで、君が進める計画に私も一枚噛ませてくれ。

懇《ねんご》ろ

仲が良く、親しい様子。親密なさま。特に男女が情を通じ、親密な仲である様子。

＊大物政治家とあの宗教団体が懇ろな関係にあると取り沙汰されている。

睦《むつ》まじい

仲が良くて親密であること。特に、夫婦や男女間の愛情が深く細やかである様子。

＊スピード結婚をした兄夫婦は、十年経った今も変わらず仲睦まじい。

古語表現

❖睦《むつ》まし

仲が良い。親しい。

❖懇《ねんごろ》

親密そうだ。

❖馴《な》れ睦《むつ》ぶ

親しくする。

行動・動作のことば

見る

みる

目《め》を輝《かがや》かす

大きな喜びや期待などで興奮した気持ちが、瞳の輝きとなって表れること。

＊前人未到の地を切り拓くと聞けば、目を輝かす冒険家は多いだろう。

目《め》を光《ひか》らせる

注意を怠ることなく監視する。怪しいとにらんで、厳しく見張りをする。

＊校則を破る生徒がいないか目を光らせるのが、風紀委員の役目だ。

目《ま》の当《あ》たりにする

自分のすぐ前で、ある事態を目撃すること。全貌を目前にしているさま。

＊事態を目の当たりにする勇気と覚悟がなければ、救急救命士は務まらない。

見《み》定《さだ》める

実際に見て、物事や真相を確かめる。自分の目で見て、それと決める。

＊真偽のほどを見定めるまでは、いいかげんなことを言うつもりはない。

穴《あな》のあくほど見《み》る

視線の先を射抜いてしまうほど、他人の顔などをじっと見つめる様子。

＊ひどく驚いた様子で私の顔を穴のあくほど見る彼を、逆に見返した。

目《め》を皿《さら》にする

物を探したり驚いたりしたときに、目を皿のように大きく見開くこと。

＊目を皿にして家中くまなく探したが、失くした指輪は出てこなかった。

目《め》に余《あま》る

態度などがひどくて、見逃すことができない。黙って見ていられない。

＊車内での目に余る乱暴な振る舞いに、居合わせた乗客は辟易した。

古語表現

❖見《み》果《おほ》す

見極める。

❖打《う》ち守《まも》る

見つめる。見守る。

❖目《め》覚《ざ》まし

目に余る。ひどい。

行動・動作のことば

理解する

りかいする

心《こころ》得《え》る

物事の道理やまわりの事情などをよく理解し、弁えること。飲み込む。

＊商売は売り手・買い手・世間の「三方よし」と心得ることが当社の理念です。

悟《さと》る

物事の道理や本当の意味を理解する。それと気づき、はっきりと知る。

＊君がもう少し大人になれば、両親の言い分が正しいと悟るだろう。

一《いち》を聞《き》いて十《じゅう》を知《し》る

一部を聞いただけで全容がわかる。非常に賢く、理解が早いことのたとえ。

＊今の説明だけで事情を飲み込めるとは、まさに一を聞いて十を知るだね。

酸《す》いも甘《あま》いも噛《か》み分《わ》ける

辛いことも楽しいことも経験し、世間の事情や人生の機微に通じている。

＊酸いも甘いも噛み分けられる彼女だからこそ、人の痛みに寄り添える。

目《め》から鱗《うろこ》が落《お》ちる

何かをきっかけに物事の実態がよく見え、理解できるようになるたとえ。
＊行き詰まっていた私は、彼の一言を聞いて目から鱗が落ちる思いでした。

弁《わきま》える

そうあるべきという物事の筋道をよく知っている。理解して、心得ている。
＊ときには自分の感情を抑え、社会人としての自覚を弁えるべきだ。

古語表現

❖ 思《おも》ひ解《と》く
理解する。意図を汲む。

❖ 悟《さと》る
理解する。わかる。

❖ 弁《わきま》ふ
会得する。心得る。

行動・動作のことば

頑張る・努力する

がんばる・どりょくする

身《み》を粉《こ》にする

骨を折ることを惜しまず、一心になって仕事をする。粉骨砕身《ふんこつさいしん》して働く。

＊入社した暁には、主要な戦力になるべく身を粉にする覚悟です。

死《し》に物《もの》狂《ぐる》い

命を落とすことも恐れずに、一心不乱に行動する。必死に頑張ること。

＊残り一年で国家試験に合格するには、死に物狂いで勉強するしかない。

やぶさかではない

物惜しみしたり、けちけちしたりせずに、進んで行動する。努力を惜しまない。喜んで取り組む。
＊プロジェクトリーダーとしてなら、A社への出向もやぶさかではない。

大童《おおわらわ》

懸命に物事にあたるようす。夢中になって何かをすること。稚児のように大暴れする意味から。
＊店長は既存店をまわしながら、新店の開店準備に追われて大童だった。

血《ち》の滲《にじ》むよう

身を切り刻むように自分を追い込み、努力するたとえ。骨身を削り頑張る。
＊一流のバレリーナを目指すには、血の滲むような練習が必要だ。

汗《あせ》水《みず》を流《なが》す

労苦を苦労とも思わず、一生懸命に働く。汗を水のように流して頑張る。
＊この仕事はどんなに辛くても、汗水を流してやり遂げてみせる。

古語表現

❖身《み》を捨《す》つ
一生懸命になる。

❖勤《つと》む
励む。努力する。

❖折角《せっかく》
努力すること。

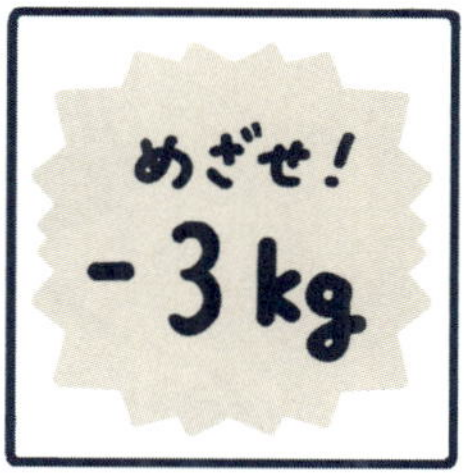

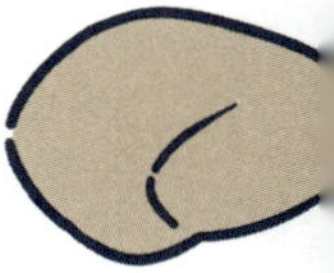

行動・動作のことば

怪しむ・疑う

あやしむ・うたがう

如何《いかが》わしい

物事の内容や正体などがはっきりせず、疑わしい。怪しげで信用できない。
＊楽して儲かるなどという如何わしい話を、安易に信じてはいけない。

小《こ》首《くび》を傾《かし》げる

すぐに理解できず、不思議に思ったりして首をちょっとひねる様子。
＊落とし物を拾ってあげると、少女は小首を傾げて戸惑った顔をした。

訝《いぶか》しむ

物事がはっきりせず、疑わしく思う。細かい点までわからず、不審に思う。
＊第一発見者の不自然な証言に、刑事は訝しむような表情を見せた。

眉《まゆ》唾《つば》物《もの》

真偽が確かでなく疑わしいもの。だまされる心配がある如何わしいもの。
＊あいつが持ってくる情報は、眉唾物だから聞き流したほうがいい。

きな臭《くさ》い

危険をはらんだことが起こりそうな気配である。怪しげな臭いがする。
＊戦争の引き金になりかねないきな臭い事件が、世界の各地で起きている。

古語表現

❖ 訝《いぶか》る
怪しむ。疑う。

❖ 疑《うたが》はし
疑わしい。信じがたい。

❖ 気《け》色《しき》あり
怪しげだ。

痛《いた》くもない腹《はら》を探《さぐ》られる

やましいことは何もしていないのに疑われる。関係がないのに怪しまれる。
＊下らないことに首を突っ込むから、痛くもない腹を探られるんだよ。

行動・動作のことば

頼る

たよる

親《おや》の臑《すね》を齧《かじ》る

子どもが自立できず、生活面や経済面などで親の援助を受けている状態。「臑齧り」ともいう。

＊私の姉はいまだに実家暮らしで、親の臑を齧っている。

負《お》んぶに抱《だ》っこ

自分では努力せず、何から何まで他人や組織など外部に甘え、任せきりにすること。

＊地方自治体は交付金頼みで、国に負んぶに抱っこだ。

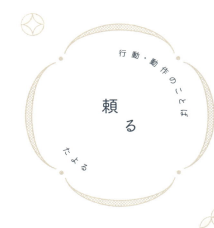

当《あ》てにする

心の中で期待し、自分に都合良く考えて頼りにすること。

＊きっと昇給するだろうと当てにして、高い買い物をした。

藁《わら》にも縋《すが》る

ピンチに陥ったときには、頼りにならないものでも当てにせざるを得ないことのたとえ。

＊難病治療のため、藁にも縋る思いで新薬の使用に踏み切った。

頼《たの》みの綱《つな》

頼れるかもしれないと当てにしている人や物を、助けの綱にすがることにたとえた言葉。

＊部活生き残りの頼みの綱は、監督の進退にかかっている。

古語表現

❖ 頼《たの》む
頼りにする

❖ 片《かた》掛《か》く
当てにする。

❖ 寄《よ》す
傾倒する。

行動・動作のことば

評判になる

ひょうばんになる

名《な》にし負《お》う

その名に見合った評判である。評判通りの。名高い。有名な。「名に負う」を強めた言い方。

＊京都の桜は名にし負う美しさだった。

折《お》り紙《がみ》付《つ》き

人格や物などについて、その価値を保証する意味で使う言葉。信用に値する。

＊あの店の味は、折り紙付きだから人に紹介しても安心だ。

世《よ》に聞《き》こえる

世間にその名を知られている。広く世間に知れ渡り有名になること。

＊彼は、世に聞こえるインフルエンサーになるのが目標だと言う。

今《いま》を時《とき》めく

現在、世間で話題になり持て囃《はや》されていること。脚光を浴びているさま。

＊明日は、今を時めくアイドルグループのコンサートだ。

古語表現

❖ 隠《かく》れなし
有名だ。

❖ 音《おと》に聞《き》く
評判になる。

❖ 名《な》にし負《お》ふ
有名である。

行動・動作のことば

こだわる

こだわる

煩《うるさ》い

細かいこだわりがあり口やかましいさま。あることに関心が強く、それを主張すること。

＊尊敬する先生は、絵画の中でもとくに抽象画には少し煩い。

泥《なず》む

ある事柄を気にして、執着すること。それにより物事の進行が停滞するさま。

＊古い慣習に泥む人が多いこの町では、地方移住者への風当たりが強い。

拘《かかずら》う

関心を持ったことにこだわり、あれこれと気になる様子。心がそればかりに囚われるさま。

＊日々の細かい失敗に拘うばかりでは、先に進めないよ。

古語表現

❖ 拘《かかづら》ふ
こだわる。固執する。

❖ 泥《なづ》む
執着する。

❖ 纏《まつ》はる
ある物事に捕らわれる。

逆らう・抗う

さからう・あらがう

行動・動作のことば

背《そむ》く

目上の人の言うことや、規則などに反発して逆らうこと。反抗、反対、謀《む》反《ほん》すること。

＊親の言いつけに背いた経験は、誰でも一度はあるだろう。

楯突《たてつ》く

立場が上の人に向かって、反抗したり、反論したりする態度。従わずに敵対する姿勢でいること。

＊弟が、姉の私に楯突いたことは一度もない。

刃向《はむ》かう

刀を振りかざすように、相手に逆らい対抗すること。歯をむき出す様子から「歯向かう」ともいう。

＊権力に刃向かうには、民衆が力を合わせなければならない。

立《た》ち向《む》かう

強敵、困難、難問などに、正面から向かっていくさま。向き合うこと。

＊彼女は、逆境に立ち向かっていく勇気ある女性だ。

古語表現

❖逆《さか》ふ
反抗する。

❖弓《ゆみ》を引《ひ》く
反抗する。敵対する。

❖背《そむ》く
相手に従わない。

行動・動作のことば

隠す

かくす

人目《ひとめ》を憚《はばか》る

人目に触れると差し障りがあるので、知られないように配慮すること。

＊後ろめたい気持ちから、二人は人目を憚りながら街を歩いた。

包《つつ》み隠《かく》す

秘密にしたい事柄を、他人に知られないようにすること。

＊いい加減、包み隠さずに本当のことを教えてほしい。

胸《むね》に秘《ひ》める

計画や心情など心の内を誰にも言わず、胸にしまって隠しておくこと。

＊彼には、胸に秘めた大きな野望があるに違いない。

古語表現

❖ 物隠《ものがく》し

秘密にすること。

❖ 秘《ひ》む

秘密にする。

❖ 密《みそ》か事《ごと》

秘密。隠し事。

納得する

なっとくする

尤《もっと》も

なるほど本当にその通り、道理にかなうと思うこと。まったく当然だと思われること。

＊そのような少額な報酬なら、依頼を断られるのは尤もなことだ。

成《なる》程《ほど》

物事や理屈を再確認し、改めて納得すること。または相手に同意するときに使う言葉。

＊成程、姉の機嫌が悪いのは寝不足が原因だとわかった。

うなずける

了解や同意など、もっともだと首を縦に振るような気持ちを表す。

＊あの映画が今年のベストワンと聞いて、私はとてもうなずけた。

胸《むね》に落《お》ちる

相手に言われた事柄や事情に、心から納得するさま。腹に落ちる。腑に落ちる。

＊政治家の弁明をいくら聞いても、胸に落ちることはなかった。

古語表現

❖宜《むべ》
本当に。成程。

❖如何《いか》にも
その通りだ。

❖実《げ》に実《げ》にし
納得だ。その通り。

行動・動作のことば

譲る

ゆずる

折《お》れる

強い意見や態度、頑固な主張などをしぶしぶ譲歩すること。仕方なく諦めるさま。

＊熱心に説得した結果、頑固に反対していた父が折れた。

歩《あゆ》み寄《よ》る

主張や意見など方向性の違う双方が、話し合い譲歩し合うこと。妥協点を見出す行為。

＊経営陣と社員が歩み寄りながら、働き方改革が進められた。

百《ひゃっ》歩《ぽ》譲《ゆず》る

意見や条件など一歩も引きたくないところを最大限に譲歩し、一部を受け入れること。

＊百歩譲ってあなたが正しいとしても、問題の解決にはならない。

花《はな》を持《も》たせる

栄誉や手柄などを譲り、自分よりも相手を引き立てること。

＊ここは若者に花を持たせて、舞台中央に立ってもらおう。

古語表現

❖譲《ゆづ》らふ

譲り合う。

❖負《ま》く

相手に譲り従う。

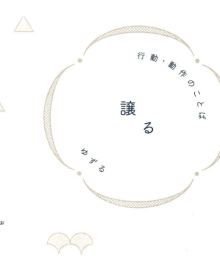

行動・動作のことば

許す

ゆるす

大目《おおめ》に見《み》る

人の失敗や欠点などをむやみに責めず、一定程度は許容すること。
＊今回の彼のミスは、今までの功績を考慮して大目に見よう。

手心《てごころ》を加《くわ》える

相手の様子や事情に配慮して、手加減をするさま。厳格にせず、寛大に処置する。
＊勝負の相手は格下なので、少し手心を加えてやろうと思う。

水《みず》に流《なが》す

過去や現在の失敗やトラブルなどを、すっかりなかったことにして忘れること。
＊親戚同士のもめ事は、この際水に流して、仲良く付き合いたい。

目《め》溢《こぼ》し

本来は責められるべき事柄を、わざと大目に見るさま。咎めずに見逃すこと。
＊仕事でミスしてしまったが、先輩のお目溢しを受け助かった。

見《み》逃《のが》す

悪事や失敗などを見ていながら、知らないふりをする行為。咎めないこと。
＊彼女は説明に嘘も織り交ぜていたが、私は見逃すことにした。

免《めん》じる

罪や過失の責めを、本人または身内の功績や善行、周囲への影響を考慮して許すこと。
＊君の失態は困ったものだが、ご両親に免じて責めないでおこう。

目《め》を瞑《つぶ》る

過失や欠点などをわざと見逃がし、知らないふりをしてやり過ごすこと。
＊素直でかわいい性格なので、間が抜けていることには目を瞑ろう。

古語表現

❖見《み》許《ゆる》す
許す。黙認する。

❖免《めん》ず
許す。咎めない。

❖宥《なだ》む
寛大に処置する。

行動・動作のことば

大切にする

たいせつにする

手《て》塩《しお》に掛《か》ける

自分から積極的に手を掛け、世話をして大切に面倒を見ること。

＊手塩に掛けて育てた畑の野菜は、立派に成長して収穫できた。

労《いた》わる

自分、または弱い立場にある人などに優しい気持ちを持って接したり、慰めること。

＊何かと頑張った自分を労わるため、来週は温泉旅行に出かけたい。

育《はぐく》む

愛情を注いで大切に守り育てる、または発展させること。

＊二人は三年間愛を育み、ついに結婚することになった。

かけがえのない

代わりになるものがない、何よりも大切で絶対に失いたくないもの。唯一無二。

＊私たちの友情は強い絆で結ばれ、かけがえのないものだ。

古語表現

❖ 傅《いつ》く

大切に育てる。

❖ 慈《うつく》しぶ

大切にする。かわいがる。

❖ 育《はぐく》む

大切に育てる。

COLUMN

其の5

和のことばのちから
―ことばに託された意味から捉える―

古く「和のことば」には不思議な力があると信じられていました。ことばを発することで、そのことばの内容が実現すると信じられたのです。現代の私たちからすると信じられないかもしれませんが、一三〇〇年前の人たちは、ことばに対する信仰や重みを実感していたのでしょう。

その一例として『万葉集』に次のような表現が残っています。

神代《かみよ》より　言《い》ひ伝《つ》て来《く》らく　そらみつ　大和《やまと》の
国は　皇神《すめかみ》の　厳《いつく》しき国《くに》　言霊《ことだま》の　幸《さき》はふ国《くに》と
……（八九四、山上憶良）

「好去好来歌《こうきょこうらいか》」と題された長歌の冒頭部分に「言霊《ことだま》」と言う表現があります。題は無事に帰って来て下さいという意味で、その考えを支えているのは、「言霊《ことだま》の　幸《さき》はふ国」だからだと言うのです。ことばの不思議な力とは、この「言霊」のことです。「言霊」とはことばに宿る霊力を言うようです。普段の生活で話していることばにも「言霊」は宿っていると信じるならば、私たちが使うことばも自然と変わるのではないでしょうか。

この「言霊」を信じたからこそ、柿本人麻呂は長歌の結びで「……夏草の　思《おも》ひしなへて　偲《しの》ふらむ　妹《いも》が門《かど》見《み》む　なびけこの山」（一三一）のように変えられないと承知しながらも、目の前の風景に対して「なびけこの山」と言い放つことができたのでしょう。この歌では別れて来た愛《いと》しい人ともう一度逢いたい、と言う思いを実現したいがために、「言霊」に取り組ったのでしょう。

古語表現

情景や季節を表すことば

情景

❖ 暁《あかつき》
夜明け前のまだ薄暗いころ。

❖ 曙《あけぼの》／東雲《しののめ》
夜が明け始めて空が白くなったころ。

❖ 朝《あさ》ぼらけ
明け方。夜が明け始めて明るくなるころ。

❖ 豊栄登《とよさかのぼり》
きらきらと美しく輝く日の出。また、そのとき。

❖ 朝影《あさかげ》
朝日の光。

❖ 天《あま》つ日《ひ》
太陽。

❖ 夕影《ゆふかげ》
夕日の光。

❖ 彼《あれ》は誰時《たれどき》
夕暮れ時。夕方の薄暗いときに人の顔が判別しづらいことから。「たそかれどき」「かはたれどき」ともいう。

❖ 夕月夜《ゆふづくよ》
夕方に見える月。

❖ 夕立《ゆふだ》つ
夕方に風や雲、雨、波などがにわかに出始める。

❖ 月代《つきしろ》
月。

❖ 澄《す》み昇《のぼ》る
月が曇りなくはっきりと見える状態で昇っている。

❖ 明星《あかぼし》
明け方に見える明るい星（金星）。

❖ 煌星《きらぼし》
きらきらと輝く星々。

❖ 婚《よば》ひ星《ぼし》
流れ星。

❖ 天《あま》の原《はら》
大空。広い空。

❖ 雲居《くもゐ》
雲のある場所（空）。または雲。はるか遠く。

❖ 雲《くも》の梯《かけはし》
雲がたなびいて、梯子のように見える様子。

❖ 雲《くも》の通《かよ》ひ路《ぢ》
雲が空を行き交う道。また、雲の中を通り、地上へ続く道。

❖ 天霧《あまぎ》る
空一面に曇る。

❖ 曇《くも》らはし
空が曇って見える。曇りがちだ。

❖ 天《あま》つ水《みづ》
雨。

❖ 長雨《ながめ》

長く降り続く雨。

❖ 叢雨《むらさめ》

降ったりやんだりして、断続的に降るにわか雨。

❖ 肘笠雨《ひじかさあめ》

にわか雨。突然の雨で、肘を上げて頭が濡れないよう傘の代わりにすることから。

❖ 雨《あめ》の脚《あし》

雨の降る様子。雨脚。降る雨が筋のようにつながって見えるのを脚にたとえていう。

❖ 狐《きつね》の嫁入《よめい》り

天気雨。また、狐火が連なって見えるさま。

❖ 空《そら》の乱《みだ》れ

嵐。悪天候。

❖ 霧《きり》の迷《まよ》ひ

霧が濃く出て、辺りがよく見えなくなること。

❖ 雷《いかづち》／鳴《な》る神《かみ》

かみなり。雷鳴。

❖ 霹靂《はたた》く

激しい雷鳴が轟く。

❖ 氷雨《ひさめ》

雹《ひょう》やあられ。大雨を指す場合もある。

❖ 海《わた》の原《はら》

広い海。大海原。

❖ 潮《うしほ》

海水。潮の満ち引き。

❖ 潮騒《しほさゐ》

潮が満ちてくるときに立つ大きな波の音。

❖ 凪《なぎ》

風がなく、海面に波が立たない状態。

❖ 泡沫《うたかた》

水泡。

❖ 波《なみ》の花《はな》

波しぶき。波が泡立つさまを白い花にたとえていう。

❖ 細流《せせらぎ》

浅瀬を流れる水の様子やその音。小川。

❖ 細波《さざなみ》

風が水面を揺らして起こる小さな波。

❖ 波《なみ》の通《かよ》ひ路《ち》

船が通る道。船路。

❖ 夢路《ゆめぢ》

夢の中で（恋人などの元へ）通う道。「夢の通ひ路」ともいう。

❖ 羽風《はかぜ》

鳥や虫が飛ぶときに羽を動かして起こす風。

❖ 木垂《こだ》る

木が生い茂り、枝垂れる様子。

❖ 青菅山《あをすがやま》

青々として清らかな山。

❖ 下照《したで》る

美しい花が咲き乱れる木の下が明るく照っているように見えること。

❖三春《みはる》
春の三か月間。陰暦の1月・2月・3月。

❖雪消《ゆきげ》
雪解け。雪解け水。

❖春《はる》の隣《となり》
春が近いころ。年の瀬。

❖春霞《はるがすみ》
春の野山などにかかる霞。

❖木《こ》の芽《め》張《は》る
木の芽が膨らむ。

❖下萌《したも》ゆ
地面から新芽が出始める。

❖初花《はつはな》
その年最初に咲いた花。または、その木に最初に咲いた花。

❖早《さ》緑《みどり》
若葉や若草の緑色。

❖春《はる》べ
春先。春のころ。

❖遅《おそ》き日《ひ》
春に日が長く感じること。「永日《えいじつ》」ともいう。

❖朧月《おぼろづき》
ぼんやりとかすんで見える春の月。

❖東風《こち》
春に東から吹く風。春風。

❖風《かぜ》光《ひか》る
あたたかい春の日差しの日にそよ風が吹くこと。

❖水《みづ》温《ぬる》む
春、気温が上がり川や池の水があたたかく感じるようになること。

❖糸《いと》遊《ゆふ》
春のよく晴れた日に地面からゆらゆらと立ち昇って見える光。陽炎。

❖花筵《はなむしろ》
草花が一面に咲く様子を筵にたとえていう。筵は藁《わら》で編んだ敷物のこと。「花茣蓙《はなござ》」ともいう。

❖花《はな》の雲《くも》
桜が一面に咲く様子を雲にたとえていう。

❖桜《さくら》狩《が》り
春の野山に桜を見に出かけること。

❖花《はな》の鏡《かがみ》
水際で咲いている花が池や川の水面に映る様子を鏡にたとえていう。

❖春《はる》雨《さめ》
春に降る雨。「春時雨《はるしぐれ》」ともいう。

❖春《はる》の限《かぎ》り
春の終わり。

❖ 風薫《かぜかを》る

初夏、木々が生い茂る中を爽やかな風が吹き抜けること。

❖ 青葉《あをば》

初夏の青々とした葉。新緑。

❖ 卯《う》の花腐《はなくた》し

陰暦5月ごろの長く降り続く雨。そのころ咲いている卯の花を腐らせることから。五月雨と書いて「さみだれ」や「さつきあめ」ともいう。

❖ 五月闇《さつきやみ》

梅雨時に降り続く雨によって、夜が暗く感じられること。

❖ 木暗《こくら》し

夏に木々が茂り、互いに覆いかぶさって影ができ、暗くなっていること。その木陰を「木《こ》の下闇《したやみ》」という。

❖ 夏木立《なつこだち》

夏に青々と生い茂っている木々。

❖ 夏陰《なつかげ》

夏の日陰。涼しい場所。

❖ 朝凪《あさなぎ》

夏の朝の、風がなくおだやかな海の状態。

❖ 氷室《ひむろ》

冬に採った氷を夏に使うために保管しておく場所。

❖ 青嵐《あをあらし》

初夏の木々の葉を揺らす強い風。

❖ 青野《あをの》

夏の青々と茂る野原。

❖ 日方《ひかた》

夏の季節風。太陽のある方向から吹く風。

❖ 雲《くも》の峰《みね》

入道雲。夏に多い高く伸びる雲。

❖ 朝涼《あさすず》

夏の日中の暑さに対し、朝が涼しいこと。

❖ 短夜《みじかよ》

夏の短い夜。夏に昼が長く、夜が短くなることから。

❖ 常夏《とこなつ》に

夏中ずっと。夏はいつも。

❖ 夏中《なつなか》

夏の盛り。

❖ 暑《あつ》け

夏の暑さ。暑気。また、夏の暑さで体調を崩すこと。

❖ 涼風《すずかぜ》

夏の終わりに吹く涼しい風。

季節・秋

❖ 棚機《たなばた》つ女《め》
織女《しょくじょ》星。織姫《おりひめ》星。

❖ 彦星《ひこぼし》
牽牛《けんぎゅう》星。

❖ 星《ほし》合《あ》ひ
七夕の夜に織姫と彦星が出会うこと。

❖ 紅葉《もみぢ》
紅葉すること。また、紅葉した葉。動詞は「紅葉《もみ》づ」。

❖ 紅葉《もみぢ》葉《ば》
紅葉した葉。

❖ 紅葉《もみぢ》狩《が》り
紅葉した秋の山野を見に行くこと。

❖ 山《やま》の錦《にしき》
秋の紅葉した山々の美しさを錦にたとえていう。錦は金や銀など複数の糸で織る高級な織物のこと。

❖ 花《はな》野《の》
花が咲いている野原。特に秋に咲く草花をいう。

❖ 釣《つる》瓶《べ》落《お》とし
秋は日が暮れるのが早いことのたとえ。井戸に釣瓶を落とすとあっという間に落ちることから。

❖ 初《はつ》穂《ほ》
その年最初に実った稲穂。また、最初に採れた穀物や野菜。

❖ 秋《あき》闌《た》く
秋が深まる。「闌く」は盛りになるという意味。

❖ 夜《よ》寒《さむ》
秋が深まり、夜風が冷たく感じること。朝が寒いことは「朝寒《あささむ》」という。

❖ 待《ま》つ宵《よひ》
中秋の名月を待つ（陰暦8月14日の）夜。または、恋人を待つ夜。

❖ 月《つく》夜《よ》
中秋の名月（陰暦8月15日）の夜。

❖ 望《もち》月《づき》
中秋の名月（陰暦8月15日）の満月。

❖ 行《ゆ》く秋《あき》
秋が終わるころ。過ぎてゆく秋。

❖ はだれ霜《しも》
霜がうっすらと降りること。

❖ 時雨《しぐれ》
秋から冬にかけて、さっと降る小雨。通り雨。

❖ 野《の》分《わき》
秋から冬にかけての暴風。（強風が野の草花を吹き分けることから）台風。

❖ 木《こ》枯《が》らし
秋から冬にかけて強く吹く風。木々の葉を落とすことから。

❖ 草《くさ》枯《が》れ
秋から冬にかけて草木が枯れること。

❖三冬《みふゆ》

冬の三か月間。陰暦10月・11月・12月。

❖小春《こはる》

初冬、春のように暖かいころ。陰暦10月の異名としても使われる。

❖冬構《ふゆがま》へ

防寒の設備を整えるなど、冬籠りの準備をすること。

❖冬日和《ふゆびより》

晴れた冬の日。冬の天気。

❖風花《かざはな》

冬の初めに吹く風の中で降る雨や雪を花にたとえていう。

❖霜枯《しもが》れ

霜が降りて草木が枯れること。また、冬のその時期は「霜枯れ時」という。

❖枯野《かれの》

草木が枯れた冬の野原。「朽《く》だら野《の》」ともいう。

❖冬《ふゆ》ざれ

草木が枯れて荒れ果てた冬の寂しい様子。「冬枯れ」ともいう。

❖短日《みじかび》

冬の短い日中。冬に昼が短く、夜が長くなることから。

❖霜夜《しもよ》

霜が降りる寒い夜。

❖冬籠《ふゆごも》り

冬の間、動物や植物などが巣や土などに籠ること。

❖御雪《みゆき》

美しい雪。

❖淡雪《あはゆき》

すぐに溶けてしまいそうな薄く降り積もる雪。

❖粉雪《こゆき》

細かい雪。こなゆき。

❖雪見《ゆきみ》

雪の降る景色や積もった雪を眺めること。

❖雪仏《ゆきぼとけ》

雪で作った仏像。

❖霜朽《しもく》ち

しもやけ。

❖冬《ふゆ》の月《つき》

空気の澄んだ冬の空に浮かぶ月。

❖昴《すばる》

冬の夜空に見られる星座。牡牛座に含まれる星。

❖煤掃《すすは》き

年末の大掃除。正月の準備として行う掃除。

❖三冬尽《みふゆつ》く

長い冬が終わること。陰暦10月・11月・12月が過ぎ去ること。

現代語さくいん

【あ】
・愛くるしい……80
・開いた口がふさがらない……49
・敢え無い……71
・仰ぐ……204
・青菜に塩……52
・足掻く……32
・赤子の手を捻るよう……109
・赤恥をかく……36
・崇める……205
・明らか……105
・呆れかえる……49
・悪運が強い……110
・あくどい……90
・倦ねる……168
・明け暮れる……45
・顎が外れる……151
・顎を出す……214
・顎を撫でる……98
・浅はか……130
・朝飯前……109
・嘲笑う……196
・悪し様……90
・足を向けて寝られない……208
・汗水を流す……225
・徒情け……15
・あたふたする……210
・頭が重い……170
・頭が下がる……205
・頭におく……179
・頭を抱える……170
・頭を下げる……209
・頭を絞る……160
・熱いものが込み上げる……155
・厚かましい……134
・呆気にとられる……49
・天晴れ……199
・誂え向き……88
・当てにする……229
・あでやか……82
・あどけない……80
・後先見ず……133
・後にも先にも……112
・穴のあくほど見る……220
・痘痕も靨……13
・油を売る……145
・甘んずる……48
・網の目をくぐる……216
・危ぶむ……60
・あやふや……106
・歩み寄る……235
・粗っぽい……129
・ありありと……105
・有難い……208
・ありきたり……148
・ありふれる……148
・哀れみ深い……120
・哀れみをかける……174
・泡を食う……50
・案ずる……60

【い】
・言い淀む……184
・言うまでもない……105
・如何わしい……227
・いかんせん……43
・如何ともし難い……168
・粋……85
・息が詰まる……74
・憤る……34
・熱り立つ……34
・息を吐く……67
・息を呑む……50
・いけ好かない……40
・生ける屍……54
・潔い……138
・諌める……194
・石に齧り付いても……73
・いじらしい……174
・幼気……174
・痛い目を見る……38
・痛くもない腹を探られる……227
・居た堪れない……55
・板挟み……170
・労しい……174
・労わる……238
・一を聞いて十を知る……222
・慈しむ……16
・愛おしむ……17
・厭わしい……40
・威張り散らす……97
・訝しむ……227
・今を時めく……230
・色めき立つ……213
・色目を使う……200
・色好い……88
・色を作す……34

【う】
・うかうか……133
・浮かない……28
・浮き足立つ……213
・浮き立つ……20
・憂き目に遭う……39
・憂さ晴らし……181
・後ろ髪を引かれる……42
・薄ら笑い……152
・嘘泣き……156
・嘯く……187
・打たれ強い……114
・謳われる……199
・打ち解ける……218
・打ちひしがれる……52
・現を抜かす……45
・うってつけ……89
・空ろ……70
・器が大きい……147
・うなずける……234
・項垂れる……53
・馬が合う……218
・倦む……56
・恭しい……205
・裏表がない……146
・うら悲しい……24
・うら寂しい……26
・恨みを募らせる……76
・恨みを呑む……73
・煩い……231
・うろ覚え……178
・狼狽える……210
・浮つく……133
・上の空……213
・うんざりする……56
・運の尽き……111

【え】
・えげつない……90
・えも言われぬ……102
・選り好み……13
・襟を正す……74

【お】
・お愛想を言う……200
・追い風……167
・おいそれとはいかない……108
・大口を叩く……187
・雄々しい……94
・大船に乗る……66
・大まか……129
・大目に見る……236

・大らか……122
・大童……225
・おかげさま……208
・岡惚れ……14
・岡焼き……77
・臆する……65
・烏滸がましい……134
・おごり高ぶる……96
・怒りっぽい……136
・お先真っ暗……54
・御座なり……129
・納まり返る……48
・怖気づく……62
・推し量る……162
・恐れをなす……62
・お高くとまる……97
・煽てる……198
・落ち着き払う……93
・お茶の子さいさい……109
・おっとり……124
・おとなしい……122
・鬼の首を取ったよう……98
・鬼の目にも涙……156
・お髭の塵を払う……200
・覚束ない……61
・おぼろげ……106
・お眼鏡にかなう……13
・怖めず臆せず……92
・思い描く……162
・思い込み……158
・思い過ごす……160
・思い出し笑い……150
・思い立つ……159
・思い詰める……159
・思いなしか……159
・思いの丈……79
・思いやる……158
・思い煩う……170
・思いを馳せる……159
・思いを巡らす……160
・思うがまま……164
・面映ゆい……36
・重んずる……205
・惟る……160
・親心……79
・親の臑を齧る……228
・折り合いをつける……176
・折り紙付き……230
・折り目正しい……146
・折れる……235
・尾を振る……200
・負んぶに抱っこ……228

【か】

・甲斐がない……71
・顧みる……182
・蛙の面に水……92
・顔から火が出る……36
・顔負け……203
・顔を顰める……31
・顔を綻ばせる……150
・拘う……231
・輝かしい……102
・かぐわしい……89
・掛け合う……188
・かけがえのない……238
・陰日向がない……146
・かしましい……191
・忝い……208
・固唾をのむ……74
・肩で息をする……214
・肩で風を切る……98
・肩の荷が下りる……66
・片腹痛い……130
・型破り……137
・肩を窄める……53
・金切り声を上げる……190
・がなり立てる……190
・からっとする……138
・軽々しい……132
・軽口を叩く……184
・軽はずみ……132
・かわいげ……80
・躱す……216
・鑑みる……160

【き】

・気が置けない……218
・気が気でない……212
・聞き入れる……207
・聞く耳を持たない……207
・木で鼻をくくる……140
・きな臭い……227
・気骨が折れる……214
・気まぐれ……137
・決まりが悪い……36
・気短……136
・肝が据わる……147
・肝が小さい……117
・気も漫ろ……212
・肝に銘じる……178
・肝を冷やす……62
・切れる……126

【く】

・くさくさ……31
・挫ける……53
・草臥れる……215
・くだらない……130
・口惜しい……43
・口が過ぎる……186
・口から出まかせ……187
・口幅ったい……186
・唇を噛む……42
・唇を尖らす……31
・口を濁す……106
・ぐっと来る……22
・首っ丈……45
・首を長くして待つ……69
・雲隠れ……217
・蜘蛛の子を散らす……217
・雲をつかむ……106

【け】

・気圧される……203
・毛嫌い……40
・けざやか……105
・けたたましい……191
・煙たがる……41
・けりをつける……176
・げんなりする……56
・けんもほろろ……140

【こ】

・冀う……69
・恋煩い……14
・小躍り……20
・小気味好い……10
・小首を傾げる……227
・心地好い……10
・心温まる……120
・心得る……222
・心覚え……178
・心がざわめく……212
・心が弾む……20
・心が広い……147
・心が揺れる……173
・心ここに有らず……213
・心急く……32
・心に留める……179
・心根……78
・心の内……78
・心残り……43
・心延え……78
・心任せ……164
・心許ない……61

・心優しい……120
・心やすい……119
・心行く……48
・快い……10
・心を摑む……22
・心を許す……219
・心を寄せる……14
・小賢しい……126
・腰が低い……118
・腰抜け……117
・腰を抜かす……50
・こそばゆい……37
・言葉尻を
捉える……195
・言葉を失う……49
・寿ぐ……185
・事も無げ……92
・小憎らしい……41
・ごねる……185
・好ましい……89
・媚び諂う……200
・こぼす……185
・細やか……120
・胡麻をする……201
・小耳に挟む……207
・これ見よがし……99
・怖いもの知らず……94
・怖いものなし……164
・強張る……74

【さ】
・逆恨み……76
・さがない……144
・捧げる……17
・差し含む……155
・匙を投げる……58
・五月の鯉の
吹き流し……139
・聡い……126
・諭す……194
・悟る……222
・さばさばする……139
・寂れる……26
・去る者は
日々に疎し……180
・爽やか……138

【し】
・しおらしい……118
・舌が回る……188
・強か……114
・下手に出る……200
・慕わしい……17
・舌を出す……196
・舌を巻く……50
・しとやか……118
・しどろもどろ……185
・しなやか……82
・死に物狂い……224
・凌ぐ……73
・忍び笑い……152
・忍ぶ……73
・偲ぶ……182
・痺れる……46
・渋い……31
・沁み入る……22
・湿っぽい……29
・しめやか……24
・しゃくり上げる……157
・洒落臭い……135
・しょげる……53
・尻込みする……173
・尻を叩く……202
・焦れったい……32
・痴れ者……130
・焦れる……32
・白い歯を見せる……150
・白黒をつける……176
・心臓に毛が
生えている……135

【す】
・酸いも甘いも
噛み分ける……222
・好き勝手……164
・好き好む……13
・竦み上がる……62
・すげない……141
・筋書き通り……166
・筋金入り……114
・涼しい顔……92
・すすり泣く……155
・素直……125
・砂を噛むよう……57
・ずば抜ける……100
・ずぼら……145
・澄む……138

【せ】
・背筋が寒くなる……63
・せせら笑う……153
・せっかち……136
・切ない……25
・背中を押す……202
・忙しない……211

【そ】
・底が浅い……133
・そこはかとない……106
・そそっかしい……133
・そっけない……141
・背く……232
・空恐ろしい……61
・諳んじる……178
・ぞんざい……129

【た】
・平らか……66
・たおやか……82
・高笑い……153
・高を括る……196
・類ない……100
・類い稀……112
・猛り狂う……190
・長ける……100
・竹を割ったよう……139
・たじたじ……203
・嗜む……13
・窘める……194
・たじろぐ……65
・称える……199
・立ち向かう……232
・立つ瀬がない……37
・手綱を締める……194
・立て板に水……188
・蓼食う虫も
好き好き……13
・楯突く……232
・立てる……205
・棚から牡丹餅……110
・頼みの綱……229
・魂消る……51
・魂が抜ける……54
・玉のよう……84
・躊躇う……173
・たゆたう……106
・怠い……29

【ち】
・血が騒ぐ……94
・力づける……202
・力を落とす……53
・血の気が引く……65
・血の滲むよう……225
・血も凍る……63
・血も涙もない……141

【つ】
・月並み……148
・付け上がる……97
・恙ない……166
・慎ましい……118

・包み隠す……233
・角を出す……77
・円ら……80
・詳らか……105
・旋毛曲がり……144
・艶消し……55
・面の皮が厚い……135

【て】
・手が込む……108
・手心を加える……236
・手古摺る……169
・手塩に掛ける……238
・でたらめ……129
・手詰まり……169
・手に負えない……169
・手の施しようがない……58
・手も足も出ない……58
・手を焼く……169
・てんてこ舞い……211

【と】
・尊ぶ……204
・説き伏せる……185
・ときめく……14
・毒を吐く……187
・刺々しい……142
・鶏冠にくる……34
・とつおいつ……173
・取っ付き易い……119
・滞りなく……166
・戸惑う……173
・虜になる……45
・取り付く島もない……142
・取るに足らない……57
・蕩ける……46
・度忘れ……180

【な】
・蔑ろにする……196
・泣き面に蜂……111
・泣き寝入り……58
・泣き腫らす……155
・嘆かわしい……25
・投げ出す……58
・投げやり……129
・和やか……122
・情け知らず……143
・情け深い……120
・情けをかける……174
・詰る……195
・泥む……231
・懐かしむ……182
・名にし負う……230
・涙ぐましい……157
・涙に暮れる……157
・涙を飲む……43
・波に乗る……167
・舐める……196
・成程……234

【に】
・煮え切らない……107
・匂い立つ……84
・苦虫を潰す……31
・二の足を踏む……173
・にべもない……142

【ぬ】
・ぬか喜び……21
・抜かりない……166
・抜け殻のようになる……54
・抜け目ない……127

【ね】
・願ったり叶ったり……69
・願わくは……69
・猫かわいがり……80
・猫の手も借りたい……211
・ねじける……144
・熱に浮かされる……45
・根に持つ……76
・粘り強い……114
・寝耳に水……51
・懇ろ……219

【の】
・のさばる……97
・長閑……125
・喉から手が出る……69
・喉元過ぎれば熱さを忘れる……181
・のびやか……123
・のぼせる……45
・呑まれる……203
・暢気……124

【は】
・映える……84
・歯が立たない……114
・儚い……70
・捗々しい……167
・馬鹿馬鹿しい……57
・歯痒い……33
・歯軋りする……43
・掃き溜めに鶴……84
・育む……238
・ばつが悪い……55
・ぱっとしない……57
・ばてる……214
・鼻息が荒い……94
・鼻白む……55
・鼻っ柱が強い……115
・鼻にかける……98
・鼻につく……56
・華々しい……102
・鼻持ちならない……41
・花も恥じらう……84
・華やか……82
・花を持たせる……235
・はにかむ……37
・歯の抜けたよう……27
・幅を利かせる……97
・刃向かう……232
・早鐘を打つ……75
・逸り立つ……95
・腹黒い……90
・腹に据えかねる……34
・腹の皮が捩れる……151
・腹を抱える……150
・腹を固める……176
・腹を括る……176
・張り詰める……74
・針の筵……38
・晴れがましい……99
・晴れ晴れする……11
・歯を食いしばる……73

【ひ】
・秀でる……101
・火が消えたよう……27
・光る……103
・引き締まる……74
・びくともしない……93
・ひけらかす……99
・膝が笑う……214
・左団扇……125
・ひと思いに……177
・一角……102
・一筋縄ではいかない……108
・人でなし……142
・人となり……78
・人懐こい……119
・人並み……148
・人の噂も七十五日……181

・人目を憚る……233
・冷やかす……186
・百歩譲る……235
・ひ弱……117
・平謝り……209
・閃く……161

【ふ】
・風変わり……137
・含むところがある……31
・膨れる……34
・鬱ぐ……28
・太っ腹……147
・振り返る……182
・奮い起こす……94
・踏ん切りがつく……176
・ふんぞり返る……96
・踏んだり蹴ったり……111
・踏ん張る……73

【へ】
・臍曲がり……144
・べそをかく……155
・へたれ……116
・へばる……214

【ほ】
・放り出す……59
・吠える……190
・ほおが緩む……150
・朗らか……10
・ほくそ笑む……153
・恣にする……164
・絆される……174
・骨抜きにされる……46
・骨のある……114
・褒めちぎる……198
・惚れ込む……16

【ま】
・舞い上がる……21
・間がいい……110
・紛れもない……105
・捲し立てる……188
・枕を高くする……66
・枕を濡らす……157
・真心……79
・まごつく……210
・待ちに待つ……69
・円か……123
・間抜け……131
・目の当たりにする……220
・眩い……82
・忠実……146
・眉唾物……227
・眉を雲らす……170
・眉を顰める……31

【み】
・見かけ倒し……117
・右に出る者がない……103
・見切りをつける……58
・見縊る……196
・見越す……163
・見事……103
・見定める……220
・水際立つ……100
・水臭い……142
・水に流す……236
・水の泡になる……71
・水の滴るよう……84
・瑞々しい……82
・見初める……14
・満ち足りる……48
・道ならぬ……90
・見咎める……195
・漲る……94
・身に沁みる……22
・見逃す……236
・身の毛がよだつ……63
・身の程知らず……134
・見惚れる……46
・耳が痛い……207
・耳が早い……207
・耳を貸す……207
・耳をそばだてる……207
・見目麗しい……83
・身を粉にする……224

【む】
・虫がいい……135
・虫が知らせる……61
・虫も殺さない……122
・睦まじい……219
・胸騒ぎ……61
・胸が痛む……24
・胸がすく……11
・胸が高鳴る……23
・胸が詰まる……22
・胸が張り裂ける……24
・胸が塞がる……38
・胸に穴があいたよう……26
・胸に落ちる……234
・胸に刻む……179
・胸に迫る……22
・胸に秘める……233
・胸を焦がす……14
・胸を撫で下ろす……66

【め】
・目新しい……112
・滅入る……29
・目が潤む……155
・目がくらむ……46
・目頭が熱くなる……156
・目が無い……13
・目から鱗が落ちる……223
・目から鼻に抜ける……127
・目くじらを立てる……35
・目溢し……236
・目覚ましい……100
・目ざわり……41
・愛でる……17
・目に余る……221
・目に浮かぶ……163
・目の敵にする……76
・目の中に入れても痛くない……17
・目の前が暗くなる……54
・目端が利く……126
・目を輝かす……220
・目を皿にする……220
・目を瞑る……237
・目を光らせる……220
・目を細める……150
・目を丸くする……51
・目を回す……211
・免じる……236

【も】
・儲けもの……110
・悶える……38
・持ち上げる……198
・尤も……234
・持て余す……169
・もて囃す……198
・もどかしい……33
・物憂い……29
・物怖じ……64
・物思い……160
・物臭……145
・物静か……124
・物好き……137
・物柔らか……125

【や】
・やきもきする……33
・焼き餅を焼く……77
・焼け石に水……71
・やっかむ……77
・やぶさか
　ではない……225
・病みつきになる……45
・ややこしい……108
・遣り切れない……38
・槍玉に上げる……195
・遣る瀬無い……38
・柔……117

【ゆ】
・指折り……100
・夢見る……163
・恕せ……129
・許しを請う……209

【よ】
・酔いしれる……46
・欲の皮が張る……69
・横のものを
　縦にもしない……145
・よしみ……219
・よそよそしい……142
・世に聞こえる……230
・呼び起こす……182
・読みが深い……127
・寄る辺ない……27
・喜ばしい……20
・喜びに堪えない……21
・弱虫……116
・弱り目に
　たたり目……111
・世を忍ぶ……217

【わ】
・弁える……223
・訳ない……109
・渡りをつける……188
・戦慄く……64
・侘しい……27
・詫びを入れる……209
・喚き散らす……191
・藁にも縋る……229

古語さくいん

【あ】
・あいなし……57
・あえか……117
・暁……240
・明星……240
・崇む……205
・秋風……19
・秋闌く……244
・飽き足る……48
・明らけし……105
・呆る……49
・飽く……56
・憧る……47
・憧れ惑ふ……213
・論ふ……188
・曙……240
・阿漕……135
・朝影……240
・朝涼……243
・朝凪……243
・朝ぼらけ……240
・あさまし……49
・あざ笑ふ……153
・悪し様……90
・足を空……213
・仇む……76
・暑け……243
・淡つけし……133
・淡雪……245
・あはれ……79
・あはれを交はす……18
・天霧る……240
・天つ日……240
・天つ水……240
・天の原……240
・甘んず……48
・叫く……191
・雨の脚……241
・文無し……57
・危ぶむ……61
・顕……105
・有り難し……112
・彼は誰時……240
・慌つ……210
・青嵐……243
・青菅山……241
・青野……243
・青葉……243
・案ず……61

【い】
・雷……241
・如何にも……234
・憤る……35
・勢ふ……95
・息巻く……35
・潔し……139
・忙はし……211
・甚し……101
・徒ら……71
・労はし……175
・痛まし……175
・傅く……238
・厭ふ……41
・いとほし……80
・いとほしがる……175
・糸遊……242
・言ひ入る……194
・言ひ趣く……185
・言ひかかづらふ……185
・言ひ散らす……191
・言ひ辱む……187
・言ひ囃す……199
・言ひ破る……188
・訝る……227
・いぶせし……29
・礼礼し……205
・苛つ……33
・いり揉む……33

【う】
・浮かべ立つ……179
・憂し……39
・潮……241
・後ろ安し……67
・薄笑ふ……153
・泡沫……241
・疑はし……227
・うたてあり……31
・打ち怠る……145
・打ち時雨る……157
・打ち偲ぶ……182
・打ち忍ぶ……217
・打ち泣く……155
・打ち守る……221
・美し……80
・慈しぶ……238
・疎疎し……143
・疎む……41
・卯の花腐し……243
・甘し……101
・うむがし……21
・うら荒ぶ……27
・恨み侘ぶ……76
・うるはし……86
・うれしぶ……21
・狼狽ふ……210
・倦ず……53・56

【え】
・笑壺に入る……151
・笑み栄ゆ……153
・笑む……151
・怨ず……76

【お】
・おいらか……125
・臆す……63
・奥まる……118
・推し量る……163
・遅き日……242
・悍し……65・115
・恐ろし……63
・穏し……123
・落ち着く……67
・大人し……125
・音に聞く……230
・驚く……51
・怯ゆ……63
・おほぞう……129
・覚束なし……107
・鬱し……107
・覚ゆ……182
・溺る……45
・朧月……242
・おむがし……21
・面無し……37・135
・阿る……201
・思はし……13
・面映し……37
・思ひ……78
・思ひ当つ……163
・思ひ合はす……161
・思ひ出づ……182
・思ひ起こす……202
・思ひ及ぶ……159
・思ひ砕く……170
・思ひ腐す……197
・思ひ屈す……53
・思ひ暮らす……18
・思ひ消つ……181
・思ひ萎ゆ……54
・思ひ立つ……177
・思ひ絶ゆ……59
・思ひ解く……223
・思ひ閉ぢむ……59
・思ひ留む……179
・思ひ取る……177
・思ひ流す……163
・思ひなす……159
・思ひ念ず……73

・思ひ果つ……18
・思ひ離る……59
・思ひ睦ぶ……119
・思ひ休む……181
・思ひ遣る……159
・思ひ煩ふ……170
・思ひ侘ぶ……25
・思ふ様……164
・慮り……161
・疎か……129

【か】
・甲に着る……97
・拘ふ……231
・掻き暗す……54
・香し……87
・隠れなし……230
・嵩取る……97
・畏まり……208
・畏まる……209
・畏む……75
・幽か……117
・風薫る……243
・風花……245
・風光る……242
・片掛く……229
・片恋……19
・難し……108
・忝し……208
・形あり……87
・才才し……127
・悲し……25
・か易し……109
・辛し……39
・枯野……245
・軽々し……133
・軽む……197
・感ず……23

【き】
・狐の嫁入り……241
・際やか……139
・急……136
・肝潰る……51
・清ら……87
・きらきらし……86
・嫌ふ……41
・煌星……240
・霧の迷ひ……241

【く】
・草枯れ……244
・癖づく……137
・曲者……137
・口軽し……188
・口を利く……187
・口惜し……43
・くねくねし……144
・くはし……87
・雲居……240
・雲の梯……240
・雲の通ひ路……240
・雲の峰……243
・曇らはし……240
・悔し……43
・暗し……131・173
・苦し……108
・果報……110

【け】
・気疎し……65
・気圧さる……203
・気色……78
・気色あり……227
・懈怠……145
・気近し……119
・実に実にし……234

【こ】
・困ず……169・215
・木枯らし……244
・木暗し……243
・心地……78
・心有り……120
・心憂し……31
・心後れ……203
・志……79
・心凄し……27
・心尽くし……170
・心長し……67
・心の秋……56
・心短し……136
・心許無し……61
・心安し……119
・心行く……48
・快し……11
・心を起こす……202
・木垂る……241
・東風……242
・事醒む……55
・事なしぶ……93
・事成る……167
・事苦し……55
・事も無し……109
・事行く……167
・好まし……13
・木の芽張る……242
・強し……115
・小春……245
・恋ひ侘ぶ……18
・請ふ……69
・媚ぶ……201
・細やか……120
・粉雪……245

【さ】
・苛む……195
・幸ひ……110
・幸ひ人……19
・賢し……127
・逆ふ……232
・桜狩り……242
・細波……241
・幸無し……111
・五月闇……243
・聡し……127
・悟る……223
・爽やか……139
・早緑……242
・清けし……105
・然らぬ顔……93
・騒がし……211
・散ず……217

【し】
・為扱ふ……169
・仕合はせ……110
・然るべし……89
・時雨……244
・したたか者……115
・下照る……241
・舌長し……187
・下萌ゆ……242
・したり顔……99
・東雲……240
・忍ぶ……73
・潮騒……241
・潮垂る……155
・染み着く……23
・霜枯れ……245
・霜朽ち……245
・霜夜……245
・白白し……55
・しをらし……118

【す】
・随喜……208
・好き好きし……137
・竦む……75
・すげなし……143
・荒む……164

・涼風……243
・煤掃き……245
・漫ろく……213
・昴……245
・術無し……169
・澄み昇る……240

【せ】
・細流……241
・折角……225
・是非も知らず……45

【そ】
・そこはかとなし……107
・嫉む……77
・背く……232
・空の乱れ……241

【た】
・猛し……95
・棚機つ女……244
・楽し……11
・頼む……229
・堪ふ……73
・尊ぶ……205
・魂消る……51
・魂離る……54
・た易し……109
・弛し……215

【つ】
・追従……201
・疲る……215
・月代……240
・月夜……244
・拙し……111・131
・勤む……225
・冷たまし……141
・妻恋ひ……19
・罪去る……209
・辛し……143
・釣瓶落とし……244
・つれなし……93・141

【と】
・咎む……195
・時めく……19
・説く……194
・常夏に……243
・豊栄登……240
・蕩めく……47

【な】
・長雨……241
・凪……241
・泣き響む……157
・和やか……123
・情け……79
・情け情けし……120
・情け無し……141
・宥む……147・237
・なだらか……123
・夏陰……243
・夏木立……243
・夏中……243
・泥む……231
・名にし負ふ……230
・何と無し……148
・等閑……129
・直直し……148
・生覚え……179
・艶めかし……87
・並み並み……148
・波の通ひ路……241
・波の花……241
・並べてならず……101
・鳴る神……241
・馴れ睦ぶ……219
・難儀……108
・難付く……195

【に】
・苦々し……31
・匂ひやか……87

【ね】
・願ふ……69
・拗けがまし……144
・音泣く……155
・憩……219
・念無し……43

【の】
・逃る……217
・長閑けし……125
・野良……145
・野分……244

【は】
・羽風……241
・果無し……71
・はかばかし……167
・育む……238
・励ます……202
・霹靂く……241
・はだれ霜……244
・恥ぢしむ……194
・恥を捨つ……135
・恥づかし……37
・初花……242
・初穂……244
・花野……244
・花の鏡……242
・花の雲……242
・花筵……242
・逸る……33・45・95
・春霞……242
・春雨……242
・春の限り……242
・春の隣……242
・春べ……242

【ひ】
・日方……243
・僻僻し……144
・引き切り……136
・彦星……244
・氷雨……241
・肘笠雨……241
・秘む……233
・氷室……243
・広し……147

【ふ】
・不祥……111
・燻ぶ……77
・不束……133
・冬構へ……245
・冬籠り……245
・冬ざれ……245
・冬の月……245
・冬日和……245

【ほ】
・惚け惚けし……47
・誇ろふ……99
・星合ひ……244
・恣……164
・臍を固む……177
・熱る……35
・誉め喧る……199

【ま】
・紛らはし……211
・負く……203・235
・実し……146
・正無し……90
・纏はる……231
・待つ宵……244
・惑ふ……173・210
・目映し……87
・忠実忠実し……146

・忠実やか……146
・迷ふ……173
・稀……112

【み】
・見貶す……197
・見果す……221
・見下ぐ……97
・短日……245
・短夜……243
・密か事……233
・水温む……242
・三春……242
・三冬……245
・三冬尽く……245
・耳立つ……207
・耳旧る……207
・御雪……245
・見許す……237
・身を捨つ……225

【む】
・咽ぶ……157
・難し……29
・睦まし……219
・空し……71
・胸痛し……39
・胸潰る……25
・宜……234
・叢雨……241

【め】
・目覚まし……49・103・221
・愛づ……13・199
・珍し……103・112
・めでたし……103
・免ず……237

【も】
・望月……244
・求む……69
・物言ふ……185
・物憂げ……29
・物疑ひ……77
・物恐ろし……65
・物思ふ……161
・物隠し……233
・物寂し……27
・紅葉……244
・紅葉狩り……244
・紅葉葉……244
・漏り聞く……207
・諸恋……19

【や】
・優し……118
・山の錦……244

【ゆ】
・雪消……242
・雪仏……245
・雪見……245
・行く秋……244
・遊戯す……11
・譲らふ……235
・夕影……240
・夕立つ……240
・夕月夜……240
・弓を引く……232
・夢路……241
・緩ふ……147

【よ】
・横手を打つ……23
・夜寒……244
・よし……89
・由無し……57
・寄す……229
・婚ひ星……240
・宜し……89
・弱し……117

【ら】
・らうたし……80
・らうらうじ……87

【わ】
・弁ふ……223
・忘る……181
・海の原……241
・詫び事……209
・侘ぶ……53
・笑ふ……151
・我猛し……99
・悪し……90

【を】
・痴……131
・喚く……191

〈参考文献〉

新村 出編『広辞苑 第六版』(岩波書店)
小学館大辞泉編集部編『デジタル大辞泉』(小学館)
日本国語大辞典第二版編集委員会・小学館国語辞典編集部編『日本国語大辞典 第二版』(小学館)
金田一京助・佐伯梅友・大石初太郎・野村雅昭・木村義之編『新選国語辞典 第十版』(小学館)
林 四郎監修・篠崎晃一・相澤正夫・大島資生編著『例解新国語辞典 第十版』(三省堂)
遠藤織枝・他編『使い方の分かる 類語例解辞典(新装版)』(小学館)
大野 晋・浜西正人著『角川類語新辞典』(角川書店)
柴田 武・山田進・加藤安彦・籾山洋介編『講談社 類語辞典』(講談社)
三省堂編修所編『三省堂 故事ことわざ・慣用句辞典 第二版』(三省堂)
北原保雄編『小学館 全文全訳古語辞典』(小学館)
金田一春彦序・芹生公男編『現代語から古語を引く辞典』(三省堂)
※古語の用例引用本文は、参考文献に基づいていますが、一部表記を改めています。

監修　西 一夫（にし かずお）

信州大学教育学部教授。大修館書店国語教科書編集委員。日本古代文学・古典文学教育を専門とし、さまざまな古典作品を通して教育・研究活動を行っている。近著は「教科書のなかの短歌」（『短歌を楽しむ基礎知識』）「国語教育から見る「訓読」の学び―日本語としての漢文―」（和漢比較文学71号）、「和歌史に見る「諏訪湖」の景」（地域文化145号）、「川辺の景と情―『伊勢物語』「東下り」教材化への視点―」（月刊国語教育研究612号）ほか多数。

イラスト　坂本 彩（さかもと あや）

本書に関するお問い合わせは、書名・発行日・該当ページを明記の上、下記のいずれかの方法にてお送りください。電話でのお問い合わせはお受けしておりません。

- ナツメ社Webサイトの問い合わせフォーム（https://www.natsume.co.jp/contact）
- FAX（03-3291-1305）
- 郵送（下記、ナツメ出版企画株式会社宛て）

なお、回答までに日にちをいただく場合があります。正誤のお問い合わせ以外の書籍内容に関する解説・個別の相談は行っておりません。あらかじめご了承ください。

気《き》持《も》ちを表《あらわ》す和《わ》のことば辞《じ》典《てん》

2024年10月4日　初版発行
2025年 3 月1日　第 2 刷発行

監修者　西《にし》 一夫《かずお》　Nishi Kazuo,2024
発行者　田村正隆

発行所　株式会社ナツメ社
東京都千代田区神田神保町1-52 ナツメ社ビル1F（〒101-0051）
電話 03-3291-1257（代表）　FAX 03-3291-5761
振替 00130-1-58661

制　作　ナツメ出版企画株式会社
東京都千代田区神田神保町1-52 ナツメ社ビル3F（〒101-0051）
電話 03-3295-3921（代表）

印刷所　ラン印刷社

ISBN978-4-8163-7618-4　Printed in Japan
〈定価はカバーに表示してあります〉〈落丁・乱丁本はお取り替えいたします〉